中国非物质文化遗产
数字化保护与传承研究

张 敖 ◎ 著

吉林出版集团股份有限公司
全国百佳图书出版单位

图书在版编目（CIP）数据

中国非物质文化遗产数字化保护与传承研究 / 张敖著 . -- 长春 : 吉林出版集团股份有限公司 , 2024.12.
ISBN 978-7-5731-6101-7

Ⅰ . G122

中国国家版本馆 CIP 数据核字第 20248ZA730 号

中国非物质文化遗产数字化保护与传承研究
ZHONGGUO FEI WUZHI WENHUA YICHAN SHUZIHUA BAOHU YU CHUANCHENG YANJIU

著　　者	张　敖
责任编辑	李　娇
封面设计	张　敖
开　　本	710mm×1000mm　　　1/16
字　　数	210 千
印　　张	12
版　　次	2025 年 1 月第 1 版
印　　次	2025 年 1 月第 1 次印刷
印　　刷	天津和萱印刷有限公司

出　　版	吉林出版集团股份有限公司
发　　行	吉林出版集团股份有限公司
地　　址	吉林省长春市福祉大路 5788 号
邮　　编	130000
电　　话	0431-81629968
邮　　箱	11915286@qq.com
书　　号	ISBN 978-7-5731-6101-7
定　　价	72.00 元

版权所有　翻印必究

前　言

非物质文化遗产是人类几千年来劳动和智慧的结晶，是一种活态文化，具有无形性和传承性。随着时代的进步和经济的飞速发展，非物质文化遗产的传承和保护面临着严峻的挑战，因此，其传承和保护成为当前国家和社会关注的重点领域，具有重要的现实意义。

如果说物质文化遗产的特征是可见性，那么非物质文化遗产则恰恰相反，它看不见、抓不着，囊括着人类诞生以来的文化记忆，展现出显著的活态性与流变性。正因为非物质文化遗产的不可见性，促使其成为更易被人们忽视、遗忘的财富。由此可见，在人类社会发展的进程中，除了追逐更加美好的未来，还要重视保护、传承前人留下的非物质文化遗产。

伴随着全球化的脚步日益加快，人们所获得的信息也越来越多元化，除了接触本国文化，还能够通过互联网了解国外的文化。如今，国家与国家之间的交流、合作不仅局限在经济领域，而且已经延伸到了文化领域，并且文化所占据的地位越来越重要。人类历史的发展是极其漫长的，对于每个民族而言，都有专属自身的记忆，而这些文明脉络的延续离不开良好的保护与传承。现代社会，人们的生活节奏较快，物质生活水平大大提高，与此同时，对文化艺术的精神需求水平越来越高。单单依赖传统博物馆的艺术作品，已经难以满足人们的相关需求，由此更加凸显出非物质文化遗产的重要性。2003年10月，联合国教科文组织颁布了《保护非物质文化遗产公约》，自此非物质文化遗产的保护事宜受到了世界各国的关注。随着科学技术水平不断提高，多媒体图像处理技术也愈发先进，发展到20世纪末，非物质文化遗产数字化保护技术应运而生，在非物质文化遗产的保护领域发挥着不可替代的关键作用。

中国作为四大文明古国之一，拥有着上下五千年的悠久历史，民族众多，流传下来的文化遗产也格外灿烂丰富，在整个世界文明史上的地位都是不可取代的。中华文化绵延至今，为一代又一代的中华儿女提供着不竭的精神力量。自改革开放以来，我国的经济快速发展，对非物质文化遗产的保护力度也极大增强，特别是近年来，弘扬传统文化的观念更是深入人心。非物质文化遗产的保护与传承有着深刻的文化意义，从国家和民族的角度来看，更具战略发展意义。本书围绕非物质文化遗产的数字化保护与传承发展进行研究。

本书共包含五章内容：第一章为非物质文化遗产概述，分别介绍了非物质文化遗产的内涵、非物质文化遗产的特性、非物质文化遗产的价值三方面的内容；第二章为非物质文化遗产的数字化研究，主要介绍了四方面的内容，依次为非物质文化遗产数字化研究的意义、非物质文化遗产数字化研究的技术分析、非物质文化遗产数字化保护标准与原则、非物质文化遗产数字化保护手段；第三章为非物质文化遗产数字化保护机制的实现，分别介绍了非物质文化遗产数字化保护机制的建立、非物质文化遗产数字化保护机制的实现措施、非物质文化遗产数字化保护机制的实现保障、非物质文化遗产数字化保护的提议四方面的内容；第四章为非物质文化遗产教育化传承的实现，介绍了三方面的内容，依次为非物质文化遗产教育化传承的目的、非物质文化遗产教育化传承的方式、非物质文化遗产教育化传承的路径；第五章为非物质文化遗产的传承发展创新探析，分别介绍了乡村振兴下非物质文化遗产的传承发展、品牌设计下非物质文化遗产的传承发展、文旅融合下非物质文化遗产的传承发展、数字化时代下非物质文化遗产的传承发展四方面的内容。

在撰写本书的过程中，作者参考了大量的学术文献，得到了许多专家学者的帮助，在此表示真诚感谢。由于作者水平有限，书中难免有疏漏之处，希望广大读者及同行指正。

张敖

2024 年 2 月

目录

第一章 非物质文化遗产概述 ·· 1
    第一节 非物质文化遗产的内涵 ·· 1
    第二节 非物质文化遗产的特性 ·· 3
    第三节 非物质文化遗产的价值 ·· 8

第二章 非物质文化遗产的数字化研究 ··· 29
    第一节 非物质文化遗产数字化研究的意义 ································· 29
    第二节 非物质文化遗产数字化研究的技术分析 ························· 33
    第三节 非物质文化遗产数字化保护标准与原则 ························· 43
    第四节 非物质文化遗产数字化保护手段 ····································· 51

第三章 非物质文化遗产数字化保护机制的实现 ····························· 55
    第一节 非物质文化遗产数字化保护机制的建立 ························· 55
    第二节 非物质文化遗产数字化保护机制的实现措施 ················· 58
    第三节 非物质文化遗产数字化保护机制的实现保障 ················· 83
    第四节 非物质文化遗产数字化保护的提议 ································· 95

第四章 非物质文化遗产教育化传承的实现 ··································· 101
    第一节 非物质文化遗产教育化传承的目的 ······························· 101
    第二节 非物质文化遗产教育化传承的方式 ······························· 103
    第三节 非物质文化遗产教育化传承的路径 ······························· 106

第五章 非物质文化遗产的传承发展创新探析…………………………………123
　第一节 乡村振兴下非物质文化遗产的传承发展…………………………123
　第二节 品牌设计下非物质文化遗产的传承发展…………………………135
　第三节 文旅融合下非物质文化遗产的传承发展…………………………147
　第四节 数字化时代下非物质文化遗产的传承发展………………………157

参考文献……………………………………………………………………………181

第一章　非物质文化遗产概述

非物质文化遗产是由群体或个人创造、传承，并认定具有文化表现力与历史价值的非物质性文化遗产。本章为非物质文化遗产概述，主要介绍非物质文化遗产的内涵、非物质文化遗产的特性、非物质文化遗产的价值三方面的内容。

第一节　非物质文化遗产的内涵

在学术研究的初期，明确的定义是研究的基石，为深入探讨问题铺设了道路。"非物质文化遗产"作为专业术语之一，它的选用源于该领域的发展需要。比如，有用"无形文化遗产""集体知识""社区知识"来表达相关的含义。在全球范围内，关于如何保护非物质文化遗产的讨论涉及多个国际组织、不同地区及国家，这些实体对非物质文化遗产的含义持有多样化的理解。

《保护非物质文化遗产公约》（以下简称《公约》）是由联合国教科文组织于2003年通过的，该公约对非物质文化遗产进行了清晰的定义和分类，采用"非物质文化遗产"这一表述。根据《公约》的定义，"非物质文化遗产指被各群体、团体，有时是个人，视为其文化遗产组成部分的各种社会实践、观念表达、表现形式、知识、技能及其有关的工具、实物、手工艺品和文化场所。"[1] 这些文化遗产随着时间的推移、环境的变迁以及与自然的互动不断得到创新和传承，增强了人们的认同感和历史意识，促进文化多样性和创新性的发展。中国也在2004年正式成为《公约》的签署国。

根据《公约》规定，非物质文化遗产包含了多个方面，旨在全面捕捉和保

---

[1] 陈默. 海岛文化发展与实践研究 [M]. 北京：冶金工业出版社，2022.

护那些无形的文化表达形式（表1-1-1）。一是口头传统和表述，这一类别涵盖诗歌、史话、神话、传说以及其他形式的叙事性表演和公开表述，特别强调了语言是非物质文化遗产传递的媒介，说明了口头传统在保存文化记忆和群体身份中的核心作用。二是表演艺术，包括音乐、戏剧、舞蹈、木偶和各种肢体语言的艺术形式，这些艺术形式通常在各种节庆或礼仪活动中展现，反映了文化群体的创造力和表达方式。三是社会风俗、礼仪和节庆，包括人们一生中的各种仪式（如出生、结婚和殡葬等），以及游戏、体育活动、亲族关系和礼仪、定居模式、烹调技术等，这些风俗和仪式反映了当时的社会结构、价值观及其与自然环境的关系。四是有关自然界和宇宙的知识与实践，包括农业活动、生态知识、药典、治疗方法、天文和气象知识，以及这些知识如何被用于社会生存和发展。五是传统手工艺技能，包括物质性的产品，如纺织品、木雕及其背后的技能和技术，这些技能是文化传承的重要组成部分，是人类智慧和创造力的结晶。总的来说，《公约》通过对非物质文化遗产进行定义，展示了其多样性，也强调了保护这些遗产的重要性。这一定义具有科学性和系统性，确保了非物质文化遗产的概念既全面又具体，能够覆盖从传统知识到社会习俗，从表演艺术到手工技能的各个方面，旨在促进对这些无形遗产的认识、尊重和保护，扩展其研究和保护的边界，包括了对自然和宇宙知识的实践，强调了其在现代社会中的科学价值、社会价值和生态价值。

表1-1-1 联合国教科文组织对非物质文化遗产的种类与内涵的解读

非物质文化遗产	口头传统和表述（包括作为非物质文化遗产媒介的语言）
	表演艺术
	社会风俗、礼仪、节庆
	有关自然界和宇宙的知识和实践
	传统的手工艺技能

截至2022年12月，教科文组织2003年《公约》名录共收录676项遗产项目（含优秀保护实践），对应140个国家。中国政府高度重视非物质文化遗产的

保护工作，并致力于将其纳入国际保护体系之中。这一过程涉及对相关项目的申报工作，包括对这些珍贵文化遗产的挖掘、整理和推广等多个方面的努力。通过这些措施，能够加强这些非物质文化遗产在国际层面上的保护力度，也能够极大地提升这些文化遗产的全球知名度和影响力。

截止至2022年12月，中国在非物质文化遗产的保护和国际推广方面取得了显著成就。共有43项非物质文化遗产项目被成功列入联合国教科文组织的非物质文化遗产名录中，这一数字在全球范围内是首屈一指的。这不仅体现出中国政府在非物质文化遗产保护方面的坚定承诺和有效行动，也展示了中国丰富多彩的文化遗产和深厚的文化底蕴。

《中华人民共和国非物质文化遗产法》中，对非物质文化遗产的定义进行了详尽的阐述。根据该法律文本，非物质文化遗产被定义为那些由各族人民世代相传，并被认为是其文化遗产组成部分的各种传统文化表现形式。这些文化表现形式包括口头传统和表演艺术，如传统口头文学和与之相关的语言，以及传统的美术、书法、音乐、舞蹈、戏剧、曲艺和杂技等艺术形式。此外，还包括传统技艺、医药和历法，以及体现人们社会生活和精神世界的传统礼仪、节庆、体育和游艺等。这一定义凸显了非物质文化遗产的多样性，强调了其在文化传承和发展中的重要价值。

第二节　非物质文化遗产的特性

与人类物质文化遗产相比，非物质文化遗产有自己的特殊性。基于对非物质文化遗产的产生时间、空间、人文、社会及存续方式的逻辑分析，并参考一些专家、学者的观点，本书将非物质文化遗产的特点概括为传承恒定性、活态流变性、民族性、地域性和多元性。

一、传承恒定性

传承恒定性是指非物质文化遗产被人类以团体或者个人的形式不断传承与发

展的过程。非物质文化遗产的传承性是由其本质决定的。人类遗产实际上就是先人们留下的一些对后代有帮助和价值的内容，因此，传承性也是人类所有遗产的共同特征。非物质文化遗产也是一样的。

非物质文化遗产的存在与发展是通过将物质作为载体实现的。非物质文化遗产的特殊性在于它是通过人们的传承，人们之间进行精神层面的交流，比如口述、身体动作、观念等方式，流传至今的，是较为抽象的。非物质文化遗产的延续依赖具体的人类活动。因此，负责传承的个体需致力于更新其文化知识和观念，这种更新是非物质文化遗产与其传承不可分离的一部分。

历史经验告诉我们，非物质文化遗产的持续需要代代相传，中断即意味着其可能会消失。在传承过程中，非物质文化遗产表现出其民族特色，要求传承者与接受者之间维持密切的联系。通过语言、文化传播等方式，能够使这些知识、技能传到下一代的身上，正是这种模式，才能确保非物质文化遗产的传承永不停止。这些传承的行为使非物质文化遗产成为历史发展的见证者。

例如，北京智化寺京音乐，来源于明代宫廷礼仪音乐，是我国现有古乐中唯一按代传袭的乐种，至今仍保存完好。据传，明太监王振将宫廷音乐的工尺谱私自移至寺中，配上700年前的唐代古谱，由家庙的艺僧习而演之，逐渐发展成集宫廷音乐、佛教音乐、民间音乐于一体的"京音乐"。京音乐长时间封闭演练，被置于寺院这一方天地中，基本与世隔绝，它通过口传心授的古老方式，延绵传承了近560年，与西安城隍庙鼓乐、开封大相国寺音乐、五台山青黄庙音乐及福建南音，成为我国现存的最古老的五种古乐。京音乐一直遵循严格的师承关系，在演奏姿势及技巧，甚至是乐谱传承方面都非常严谨，较完整地保留了古老的风貌。京音乐有明确纪年的工尺谱本，有特色的乐器、曲牌和词牌，有按代传承的演奏艺僧，传承至今，有古谱十余部，刊载曲牌600余首。北京智化寺京音乐保存了宋代古乐甚至更远的隋唐燕乐遗音，是国内、国际都罕见的完整、真实的古代音乐资料。

二、活态流变性

非物质文化遗产之传承与推广，依托于主动学习的过程，该过程既涉及专家的引导，亦包含了人与人之间自主的互动与交流。这种交流模式不仅促进了文化遗产在不同国家和民族间的广泛传播，还能展现非物质文化遗产动态发展的特性，从而实现文化遗产的共享。此种共享与传播的模式，是非物质文化遗产区别于物质文化遗产的关键之一。对比之下，物质文化遗产的传播多依赖于复制方式，非物质文化遗产的传播则呈现出一种变化过程，既蕴含着传承，也涵盖了适度的变异，这样的传承与变异之间的辩证关系彰显了其传播的独特性。在非物质文化遗产传播的过程中，它常能与接纳方的地域特征及历史背景紧密融合，既保留了原始特色，又吸纳了新元素。这反映出非物质文化遗产在传播过程中虽遭遇变迁，却依然维持了其核心的稳定性与一致性。这种变化与稳定性的均衡，确保了非物质文化遗产在全球范围内的辨识度及其特色的持续。以端午节为例，作为中国的传统佳节，在与其他国家的文化交往中，其不仅在海外广泛传播，还融入了接纳国的习俗和民族特色，令端午节文化在保持其本质的同时，实现了丰富与发展。这种跨文化的传播与融合，体现了非物质文化遗产动态变化的本质，即在坚守传统的同时，能够适应并融入新的文化背景中。

非物质文化遗产重视人的价值、活态继承及精神方面，格外重视工艺的细腻和创新力。通过具有民族特色的表达方式，非物质文化遗产体现出民族的情感追求、传统文化以及思维习惯。非物质文化遗产融合了物质因素和载体，其根本价值须通过物质形态展示，这是归属于人类行为领域，依赖于人们的精湛工艺和科技能力来促进其发展和传承。

非物质文化遗产的呈现和继承基于人的行动和言语，属于持续变化的过程。从非物质文化遗产的分类来看，传统音乐、舞蹈及戏剧等艺术类别，仅能在不断变化的活动中展现出来；民俗和庆典活动的仪式展现以及手工艺品和物品的生产技术，也是在人的活动过程中完成的。总之，特定的价值观及生存的状态都是非物质文化遗产活态流变特征的体现。

三、民族性

民族性是指在非物质文化遗产中，某一民族所特有的一系列精神和文化表现。包括民族的思维方式、世界观、人生观及价值观，涉及审美能力和情感表达方式等多方面。这些特征不是孤立存在的，它们在民族的日常生活中，如服饰、饮食习惯、传统风俗和使用语言等方面均能得到体现，并且受到所处自然环境的影响。进一步分析，可以发现，民族的世界观、信仰、思维方式及价值观等文化内容和心理结构，以及生活方式，实际上是在民族长期的发展进程中形成的。在民族的实际生活中和行为处事上都有所体现，稳定性极强。总的来说，民族性特征深刻体现在非物质文化遗产的表达形式和内容上。

古琴艺术作为我国的古代文化瑰宝之一，已被联合国教科文组织认定为世界人类口头和非物质遗产的代表作，而民族性是其独特的价值。古琴是中华民族最早的弹弦乐器，是中华传统文化之瑰宝，有鲜明的民族特色。古琴的演奏形式主要分为琴歌和独奏两种，历史悠久，可以追溯至先秦时期。在那个时代，古琴在宗庙祭祀、朝会、典礼等正式场合中扮演着重要的角色，在士绅以上的社会阶层中广受欢迎，至秦朝以后更是广泛流传于民间。文献记载中，关于以琴为声乐伴奏的形式，早在《尚书》中已有"搏拊琴瑟以咏"[1]的记载。春秋战国时期，古琴独奏音乐已经具备了一定的艺术表现力，众所周知的"伯牙弹琴，子期善听"的佳话便是最佳证明。那个时期的著名琴曲如《高山》《流水》《雉朝飞》《阳春》《白雪》等，因技艺精湛，被载入史册。在中国众多音乐形式中，古琴艺术无疑是儒家和道家思想在音乐领域中集大成的表现，音乐艺术的极高成就是民族性的重要体现。弹奏之人在古琴朴实低缓而又沉静旷远的声音中，由躁入静进而物我两忘，"独坐幽篁里，弹琴复长啸"[2]。古琴艺术之所以能独树一帜并备受推崇，除"琴德最优"，还因其具有顺其自然的音乐特征，符合中华文化的实际内涵需求。

---

[1] 袁禾.十通乐舞典章集萃[M].北京：文化艺术出版社，2021.
[2] 陶文鹏.王维诗歌赏析[M].南宁：广西教育出版社，1991.

四、地域性

地域性是指非物质文化遗产在一定区域内产生、流传、发展，或者同一种非物质文化遗产在不同区域有着区域间各不相同的演化。很多时候，非物质文化遗产与当地的民风、民俗相关，是一种区域性的习惯或与生活相关的活动，正是这种地方区域的环境、文化决定了非物质文化遗产的特点和传承。地域性既体现又强化了非物质文化遗产的民族性。

非物质文化遗产是经历了各时代传承并逐渐演化而来的，必然与它存在的地域有着千丝万缕的关系。同一种非物质文化遗产，在不同的文化背景下有着不同的面貌，随着传播到不同地区，被不同民族接受会产生变异和发展，并深深打上该地区的烙印。

我国的端午节是人们纪念屈原的传统节日，主要习俗为吃粽子和赛龙舟，表达追怀楚国大夫屈原高洁的爱国情怀。但是，地域不同，节日的内涵也不一样，东吴一带的端午节历来不纪念屈原，而是纪念五月五日被投入大江的吴国大臣伍子胥。对于我国而言，端午节的习俗因地域而异。在老北京，端午节被视作与春节、中秋节齐名的重大节日。在这一天，皇帝可以不用上朝，老百姓则要进行敬神祭祖和纪念先贤的活动，妇女回娘家，朋友间聚会，这些景象使得整个城市洋溢着节日的气氛。

五、多元性

有的非物质文化遗产具有多元性，这种多元性是由非物质文化遗产的实际内容产生的，在非物质文化遗产中包含口头传统及实际的表现形式，传统的艺术及手工艺与自然界和宇宙相关的一些社会实践及知识等。非物质文化遗产是人类发展过程中留下的精神财富，体现出了不同的地区和民族的群体特征及人们的精神发展过程，在不同时期、不同地点及不同民族，非物质文化遗产都呈现出不同的形态。

例如，中国有各种纺织和刺绣的工艺，各少数民族也有不同的技艺和方法。

蚕桑丝织是汉族认同的文化标识，5000多年来，它对中国历史作出了重大贡献。中国蚕桑丝织包括杭罗、绫绢、丝绵、云锦、蜀锦、宋锦等织造技艺，及轧蚕花等丝绸生产习俗。汉族劳动人民率先发明并大规模生产使用丝绸，丝绸制品更是成为世界历史上第一次大规模的东西方商贸交流重要商品，也更因此有了"丝绸之路"。

南京云锦是我国汉族优秀传统文化的杰出代表，因其绚丽多姿，美如天上云霞而得名，浓缩了中国丝织技艺的精华，有"寸锦寸金"之誉。南京云锦、成都的蜀锦、苏州的宋锦、广西的壮锦并称"中国四大名锦"。在古代丝织物中，"锦"代表最高技术水平的织物。南京云锦位列中国四大名锦之首，在元明清时期都是皇家御用的贡品，在其几百年的发展历程中，经过不断创新、改进和吸纳其他艺术的精华，集历代织锦工艺之大成，是我国唯一不能被机器取代的织造工艺。传统手工艺的纺织和刺绣技艺有许多不同的表现形态，充分体现了非物质文化遗产的多元性。

第三节 非物质文化遗产的价值

一、历史价值

非物质文化遗产具有深厚的历史价值，为后世提供了洞察先人生活与智慧的窗口。这种遗产作为过往的记忆被传承下来，时刻体现着历史的丰富层次和细节。其历史价值可以从多个角度进行阐释。

任何非物质文化遗产都是在特有的历史环境中形成的，反映了时代的特色和历史背景。映射出人类在特定时期的社会生产力、社会结构、生活习惯，以及人们之间的相互作用、道德规范和思维禁忌的演变。以《牡丹亭》为例，这部昆曲揭示了那个时代的婚恋观念和封建道德对个人的压迫，还展示了当时的家庭架构以及社会阶层和人际界限的清晰划分，从而生动地表现出那个时代的社会特征和人文关怀。通过对井盐制作过程和工艺的了解，我们可以认识到祖先的聪明才智，认识到他们当时的生产水平和科技发展状况，而通过井盐生产和制作者的技艺传承以及他们在井盐生产流通中的地位和作用，我们可以了解当时的社会关系、经济关系，这些都是历史的重要组成内容。可以说，对于历史形成的非物质文化遗产，没有一种不能提供特定的历史信息，没有一种不具有特定的历史价值。

从根源上说，非物质文化遗产是"一种集团或个人的创造，面向该集团并世代流传，它反映了这个团体的期望，是代表这个团体文化和社会个性的恰当的表达形式"[①]。应当指出，虽然上述定义在当时是针对民族民间文学而言的，考虑到民间文学在某种程度上是非物质文化遗产的重要内容，它的某些特征可适用于非物质文化遗产。就民间文学而言，作为非物质文化遗产重要组成部分的民间文学，一部分源于历代民众的口头创作，世代在广大民众当中口耳相传，反映着广大民众的生活、思想、情感和文化；还有一部分是远古神话传说流传至今的，或是源于远古时代的神话传说、歌词谣谚。非物质文化遗产中的民俗文化，同样是珍贵的文化遗产和巨大的精神财富，是广大民众创造的果实、非凡智慧的结晶，是该民族精神风貌的生动写照，是该民族赖以生存的精神家园，具有极高的、非常丰富的历史价值。

从历史价值方面看，非物质文化遗产凭借其独有的民间传递方式、口头传承的特性、质朴且充满生机的存在方式，弥补了正史记录中可能存在的缺漏、遗失。这类遗产让当代社会得以用一种更真切、更全面和更贴近真相的角度去理解和体验那些已经逝去的时代及其文化。在这方面，非物质文化遗产正当其时地被誉为活态历史。

非物质文化遗产汇聚了各个历史阶段的智慧结晶，既展现了民族独有的文化特色，又显现了民族历史传递的活力，是民族精神的重要组成。它揭示了民族的世界观和生活态度，映射出社群的心理特征与行动模式，对于深入研究历史背景下的社会结构和群体属性发挥着不可替代的作用。非物质文化遗产作为一段生动的历史记录，提供了一条直观且形象的途径，帮助人们认知并理解历史的复杂性。

[①] 中芬民间文学联合考察及学术交流秘书处.中芬民间文学搜集保管学术研讨会文集[M].北京：中国民间文艺出版社，1987.

二、文化价值

非物质文化遗产承载着各民族、群体智慧的精华和创新成就，通过生动而丰富的内容，记录了多元文化历史。它不仅是珍贵的文化财富，也是探索不同文化的重要途径，拥有极高的文化价值。

非物质文化遗产是鲜活的文化，是文化活化石，是原生态的文化基因，对其进行保护、发展有助于在全社会形成文化自觉，这样既有利于文化的传承、延续，又有利于文化生态的规划、建设。

每个民族的非物质文化遗产都包含了传统文化的精髓，呈现出各自的文化特色。这些遗产映射出各民族的思维模式、审美观念及发展途径，标识着各自文化进程的独有路径，展现了其独特的文化价值。社会进步的过程本质上是文化累积的过程，世代积累的文化成就则成为不同民族和地区生存与进步的基石与象征。因此，不同民族有不同的文化模式、文化形态、文化标准、文化观念，具体到非物质文化遗产而言，也是千姿百态、多种多样，共同为人类文化的百花园增光添彩，丰富、充实人类文化的多样性。在不同民族间的互动过程中，这些文化遗产经历相互碰撞、相互融合，促进了文化的多元性与适应性发展，形成了一种既保持个性又寻求共性的文化共生格局。文化多样性是人类文化的一个重要特质，同样也构成了非物质文化遗产文化价值的核心。就像生物的多样性是世界存在发展的前提一样，文化的多样性也是人类发展兴盛的一个重要前提。每个民族和群体都拥有其特有的文化，非物质文化遗产在维护文化多样性方面起着关键作用。

每个民族的文化传统都具有独创性，不能被复制，也无法被替代，正是这些独一无二的特质，铸就了非物质文化遗产文化多样性的基础。因而，对非物质文化遗产进行保护和传承，本质上是对文化多样性的捍卫，对于促进全人类文化的整体发展具有重要意义。从另一个角度看，全人类文化的多样化亦促进了非物质文化遗产的丰富和发展。联合国教科文组织《世界文化多样性宣言》指出，文化在不同的时代和不同的地方具有各种不同的表现形式。这种多样性的具体表现是构成人类的各群体和各社会的特性所具有的独特性和多样化，文化多样性是交流、革新和创作的源泉，对人类来讲，就像生物多样性对维持生物平衡那样必不可少。

从这个意义上来讲，文化多样性是人类的共同遗产。保持文化多样性为个体提供了更广泛的选择范围，是驱动发展的关键力量。这种多样性是经济增长的助推器，是个体在智力、情感及道德精神方面实现满足和成长的重要渠道。此外，该宣言还指出，保持文化多样性有助于文化的创新和发展，每项创作都来源于有关的文化传统，也在同其他文化传统的交流中得到充分的发展。因此，各种形式的文化遗产都应当作为人类的经历和期望的见证得到保护、开发利用和代代相传，以支持各种创作和建立各种文化之间的真正对话。总之，在强调非物质文化遗产的文化价值时，不应忘记文化多样性也是其中的重要方面和组成部分。

在当前全球化的浪潮下，非物质文化遗产正面临丧失多样性的严峻挑战。尤其令人关切的是，迄今为止，文化多样性的重要价值及其丧失可能带来的严重影响，还未被广泛理解和重视。许多人尚未意识到，文化多样性一旦受到严重损害，将会使人类历代积累和传递的非物质文化遗产、人类文化乃至丰富的精神世界与生活遭受不可估量的损失。因此，对非物质文化遗产的保护与传承显得尤为重要，我们必须重视其文化价值，在全球经济一体化的背景下努力保持文化的多样性、地域性和民族性。联合国教科文组织在《世界文化多样性宣言》中指出，人类文化是某个社会或某个社会群体特有的精神与物质、智力与情感方面的不同特点之总和。除了文学和艺术，文化还包括生活方式、共处的方式、价值观体系、传统和信仰等，这些文化特质在非物质文化遗产中都有所体现。保护非物质文化遗产，能够保留各民族的文化特色，保持世界文化多样性。

三、精神价值

非物质文化遗产作为历史文化的重要组成部分，不仅是对过去的记忆和传承，更是特定民族文化基因和精神特质的集中体现。这些独特的文化基因和精神特质，如同一条无形的线，紧紧维系着民族的历史连续性，也在无形中塑造和影响着该民族的生活方式、价值观念以及对外界的态度。在漫长的社会实践和生产活动中，这些文化基因和精神特质不断被加固和强化，成为民族精神的重要组成部分。这种由历史经验和生存智慧组成的民族精神，具有强大的凝聚力和号召力，更是代表了民族的思想精髓和文化理念，成为推动民族进步和发展的重要力量。非物质文化遗产的价值远不止于此。它们是民族文化的核心，承载着民族的历史记忆和文化传统。通过非物质文化遗产的保护和传承，可以保存独特的文化价值，在全球多元文化的背景下展示其独特性，获得世界的认可和尊重。即便是那些可能已经失去了原有社会功能和地位的非物质文化遗产，它们作为民族历史发展和精神情感的见证，在当今社会中仍然发挥着不可替代的作用，成为连接过去和未来的桥梁，对于维护民族身份和增强民族凝聚力具有不可估量的价值。因此，面对这些蕴含深厚历史文化意义的非物质文化遗产，保护和传承它们不仅是对过去的尊重，也是对未来负责。这些文化遗产中蕴含的精神价值和文化理念，是民族文化持续发展和传承的宝贵资源。保护好这些文化遗产，就是保护民族的根和魂；传承和发扬光大这些文化遗产，就是为民族的未来发展注入不竭的动力和灵感。非物质文化遗产的每一次传承和保护，都是对民族文化深层价值的一次发现和重申，对于加深对民族文化的理解和认同，推动文化多样性和文化交流都具有重要的意义。非物质文化遗产是宝贵的，蕴藏其中的民族精神更是具有重要的无形资产，每一个民族的后来者不仅要发掘并重视这些无形资产，更要通过自身的努力来进一步增加这些无形资产的含金量。

人类具备丰富的情感和高尚的精神境界。这种精神虽无形，却能体现出个体的独特气质，是民族生存、发展的支柱和民族特质的体现。民族精神代表着一个民族的核心，是维持民族生存和促进发展的关键因素，是基于共同的信念和精神支撑的集体意识。人文精神作为人类文化高度发展的标志，是通过不同民族文化形式进行传承的，与宽广的民族文化环境及氛围密不可分。民族精神与人文精神的延续并非遗传，而是在社会文化及民族精神的背景下，通过教育、学习、社交及代际传递等途径得以传承和发展。民族精神"像血液，像一个民族的灵魂，它流淌在民族的血脉中，主宰着民族的生存、走向与特征……具有历史延续性……不会轻易发生质变"[①]。故此，保证民族特性与精神代代相传，成为每一个民族都不得逃避的重大使命。非物质文化遗产的保护、研究与发展，成为唤醒人们传承

---

① 范伯群.中外文学比较史[M].南京：江苏教育出版社，1995.

民族精神意识的有效手段之一。通过保护与推广非物质文化遗产，能够将民族精神有效传递至每个个体、每代人，孕育具有深厚文化素养和高尚民族精神的卓越民族。

民族精神既有人类文化的共性，又有地域特色。它深植于民族独有的历史进程之中，是一代代传递与创新的成果，融合了历史性、时代性及地域性的文化特质。每个民族与地区的文化精神既有其正向影响，亟须传承与创新，也面临其局限性，需转化与提高。在文明时代以来的社会发展中，尤其是在当今全球经济一体化的发展浪潮中，如何有效地进行民族文化与民族精神的传承与发展，是每一个民族都要面对的一个重大的、不可回避的、生死攸关的问题，因为人类文明史范围内的进化更主要是文化上的遗传与变异。正是通过每一个民族富有自身特色的、具有民族文化特性的对民族精神的传承，才造就了人类大家庭中各民族竞放异彩的局面，才构成了世界文化的多样性和多元化格局，为人类文明提供了相对丰富的选择机会和发展的可能性。

精神文化的传承又是有选择的，每一个民族的民族文化和精神中既有经过历史和实践检验的、科学的、进步的、有利于人类发展的内容，也有一些不符合时代发展、历史进步要求的内容。因此，在民族精神的传承中就要注意去粗取精、去伪存真，对精神文化进行甄别、筛选、扬弃，起到精神文化过滤机和采集器的作用。

民族精神的传承与发展主要通过不断的积淀和认同。在社会实践中形成的稳定功能性结构和个体对特定群体价值观的接纳是其核心机制。通过这一循环过程，使民族精神得以形成、深化并传承给新一代，确保其自我更新和演变。如果这一传承过程中断，民族将丧失精神文化和特质，危及未来。因此，不断地传承和发展民族精神是确保民族生存发展的基石，也是开创新的民族精神和拓展美好未来的关键。

在古代，民族精神的传递和变异大多在无意识中发生，尤其在面对文明冲突时，文化更会展现其独特性。通过民族间的交流和文化融合，形成新的文化特质。进入现代社会，随着全球化和交流方式的变化，有必要自觉加强民族精神的传承，防止其剧烈变异和文化同质化，这样不仅能保持民族独特性，还能为世界文化多样性贡献力量。

每一个民族都有独特的遗传特征，并且通过成功的传承、延续这些特征，以别具一格的民族风采去融入世界。虽然历史典籍、器物和制度也有助于民族精神的传承和延续，但是我们绝不能忽视非物质文化遗产在传承民族精神方面不可替代的重要作用和价值。归根结底，精神之类的东西是无形的，主要是以内在修养与气质的方式来传承并进一步实现其创造性转化和发展。因此，非物质文化遗产以其活态特征，具有成为传承民族精神的更为合适的载体和形式的优势。当然，强调民族精神的传承是为了更好地继承、发展其内含的精神特质与民族特性，而不是故步自封。

每个民族都应维护自身利益，并提倡以国家荣誉为先的爱国主义和集体主义精神，这是民族生存和发展的基础。缺乏国家荣誉意识的民族将失去精神支柱，无法在世界民族中独立。民族精神源自社会实践的进步和民族成员的共识，是推动民族持续发展的关键力量。要坚持和弘扬民族精神，使之成为推进民族发展、壮大的强大精神动力，就必须结合时代和社会发展的要求，不断为之增添新的内容，不断增强民族精神的现代性，从而推动民族精神的新发展、新进步。

中国丰富多彩、形态多样的非物质文化遗产，是中华民族宝贵的精神财富，极富精神传承价值。因为每个民族都有自己独特的文化传统，非物质文化遗产很好地保留和体现了每个民族特有的心理模式、生产方式和生活习俗等民族精神的载体和遗存，中华民族拥有众多美德和优良传统，如大公无私、诚信待人等，以及爱国主义和集体主义的精神，这些共同构成了民族的凝聚力和亲和力，是其生存和发展的关键因素。它们流淌于中华民族的精神血脉之中，养育着一代又一代爱国进取、无私奉献的中华儿女。因此，通过非物质文化遗产的保护和传承，可以激活丰富的民族精神资源，传承民族精神，巩固深厚的民族根基。

总的来说，非物质文化遗产是对一个民族或地区的历史、文化和社会发展的真实记录，具有不可估量的历史、文化和精神价值，对于培养民族精神和提升文化水平至关重要；同时，非物质文化遗产作为无形的文化资源，具有不可复制和不可再生的特性，与自然资源一样珍贵。因为非物质文化遗产很少用文字或很难用文字记录，常常靠言传身教、耳提面命、口授心传来进行传承，使得非物质文化遗产的传承和积累带有很大的经验性、人为性。非物质文化遗产经历时间洗礼后，保留了历史印记和民族文化精华，成为文化宝藏。"传承的经验性、浓缩的民族性"[1]使其传承具有易断性、珍贵性与脆弱性。因此，必须下大力气保护、传承非物质文化遗产，务必将这些鲜活的、宝贵的文化遗产最大限度地保存下来，把它们完整地留传给后人，充分发挥这些人类精神家园中极其深厚、生动的活态财富的作用，充分发挥其历史价值、文化价值和精神价值。

四、科学价值

非物质文化遗产蕴含丰富的科学因素，为文化科学研究提供了基础，体现了文化对人类认识的影响。通过保护和研究非物质文化遗产，能够丰富人类的文化知识，促进人类对民间文化知识体系的关注和挖掘，进一步扩展人们的认识能力。而用文化人类学标准界定的文化场所或文化空间，突出了民间文化、非物质文化的综合性、集体性、周期性、时空统一性等特征，又可丰富认识方式、增加认识内容，这些都说明了非物质文化遗产具有相当重要的科学价值。非物质文化遗产的科学价值主要表现在：

第一，非物质文化遗产作为一种历史的产物，体现了人类历史上不同时代的生产力和科学技术的发展状况，也是人类创造力和认识水平的一种直观体现。它如同一面镜子，映照出人类社会在不同历史阶段的面貌，保存了人类历史发展的原生态信息。因此，传承和研究这些非物质文化遗产，对后人而言，不仅可以了解先辈们的智慧和创造，也是获取和掌握过去科技资料、科技信息的基本途径之一。在这个过程中，非物质文化遗产成为连接过去与现在的重要桥梁，使历史的宝贵财富得以世代传承。

每个民族的非物质文化遗产中，都会不可避免地夹杂一些与现代科学理念不相符的元素。这些元素可能已不再适应当代社会，被视为需要改正或禁止的内容。

---

[1] 徐新建.文化遗产研究：第3辑[M].成都：巴蜀书社，2014.

随着人类文明的不断进步，一些不合时宜的观念和习俗也会被社会逐渐淘汰。但这部分内容不可忽视，因为它们在历史的特定时期曾经存在，反映了那个时代人们的思想认识水平、生活情感态度、科学发达程度以及风俗信仰禁忌等。即便是这些看似过时或不被接受的部分，也蕴含着丰富的社会历史文化信息，对于研究人类社会的历史发展、文化变迁具有不可替代的价值。因此，对那些已经被抛弃或即将被抛弃的暂列非物质文化遗产中的某些部分和内容，也要以求实的态度对其价值予以科学认识。我们要以科学的态度对待不一定科学的非物质文化遗产中的某些部分和内容，真正重视、利用它们的科学价值。

风水之说起于先秦，所用名称还有形法、堪舆、地理等，在表现周代生活的《易经》《诗经》中已有所反映和记载。汉代青乌子已有"气乘风散，脉遇水止"[①]的说法，晋代郭璞在《葬经》中首次对"风水"一词做了较为详尽的解说："气乘风则散，界水则止。古人聚之使不散，行之使有止，故谓之风水。"[②]虽然后来直到宋代风水文化才基本成形，但用"风水"一词来指称择址而居的活动却从晋代一直沿袭至今。从风水的初始定义可以看出，所谓风水，就是古人在择址而居时注意选择兼具和风与水的地方。一方面，因为风与水对古人的生活影响极大，如果房屋建在风口地带古人简陋的房屋容易被吹翻掀倒，农作物也不易种植收获；但另一方面，又不能选在四面不通风的地方，因为这样空气不易流通，容易滋生细菌，产生疾病。而房屋如果建在河道或山谷之中，则在洪水来临时不仅会有房倒屋塌的危险，甚至还会夺去人类自身的生命。同时，如果选择的住址离水源太远，则又会给日常生活带来极大麻烦，所以只能选在既离水源不远而又能免受洪水冲击的地方。此外，日常饮用的水源还要是洁净、营养均衡的，因为现代科学已证明许多地方性疾病的发生根源，就在于当地居民的饮用水中缺少一些人体必需的微量元素，久而久之就会形成地方性疾病。

古代的城市或国都大都选在依山傍水、地势开阔的地方，这样既有好的采风、采光、采水条件，又因为水流蜿蜒平缓而便于交通、灌溉、渔猎，气候温暖湿润、

---

① 谢路军.四库全书术数初集：1[M].北京：华龄出版社，2006.
② 梁实秋.雅舍杂文[M].南京：江苏人民出版社，2020.

风调雨顺而便于种植生产、生活起居，这就形成了一个良好的、宜人的小环境、小气候。这就是《管子·乘马篇》所总结的，"凡立国者，非于大山之下，必于广川之上，高毋近旱而水用足，下毋近水而沟防省，因天时……"[①]，此处的立国实际上就是指建立城市、营造国都。因此，在风水的初期，可能就是讲究住房的选址，也就是既要有和风又要有碧水，既要向阳又要通风，既有青山又有绿水，既便于生活又赏心悦目。

就是既要有新鲜湿润的、温和流通的空气，又要有洁净卫生、甘甜宜人的水源。这一做法映射了风水文化的核心价值——注重生理及心理健康的和谐融合，并追求自然、人类与环境之间的协调一致。该理念旨在创建一个人与自然和谐相处、生态条件上乘的健康环境和微气候，促使人们对其进行深入研究并予以传承。按照对中国文化深有研究的英国学者李约瑟博士的研究和看法，中国的风水实际上是含有生态学、地理学、建筑学、气象学、景观学等科学内容的一门综合性科学，其实我们还可以加上水文学、地质学、心理学等学科。风水文化的早期形态展示了古人在建筑和景观学方面的科学洞见与知识积累，其后则逐渐转向神秘主义和迷信方向的发展路径及内容，是现代社会需要舍弃的封建迷信部分。

非物质文化遗产中的口头文化，具有相当重要的科学价值。表面上看，口头文学靠口耳相传没有固定文本，人为性、随意性似乎比较强，但这只是问题的一个方面。若从另一角度观察，口头文学实际上能够更准确地保留历史的真实面貌，它是一种生动的历史活态记录。口头文学之所以具有此种特质，是因为它在民间传播，相较于官方编撰的史料，受官方意识形态的影响和干预较小，对于尊贵人物的美化及隐藏较少，因此能更全面地记录和保留当时社会的真实状况。这一特性使口头文学在某些场合下，比官方史料具有更高的历史记忆和科学认识价值。口头文学更高的科学价值，在一定程度上还是由口头文学的口语性决定的。在史前社会以及现在仍然没有文字的民族那里，口传文学在记录、保存、传承民族历史等方面具有不可替代的重要作用。人类的口头语言及口传文学有两个显著特征，

---

① 达莱子. 易经[M]. 延吉：延边人民出版社，2002.

首先是讲究具体事实细节的可信度，其次是强调高度发达的记忆能力。这两大特征是互为因果、相辅相成的：只有强调讲清事实原委及具体细节，保证讲述的真实性，才能达到准确记忆的目的；反过来，有了准确的、发达的记忆功能，才能保证对历史事实的准确记忆和讲述、传承。正是口头文学本身的特性以及它所用以表达的口语的特性，共同保证了口头文学的高度历史真实性，决定了其具有极高的科学价值。

在联合国教科文组织对非物质文化遗产的定义中，提到了许多文化空间形式也是重要的非物质文化遗产形式之一。此定义明确指出，文化空间既可以被视为举办流行及传统文化活动的集中地点，亦可被理解为定期进行特定活动的时间段。这些时间和地点之所以特别，是因为它们是文化表现形式在特定时间和空间中的体现。我国壮族的蛙婆节、土族的纳顿节、彝族的火把节等，就属于非物质文化遗产中的文化空间。这类文化空间多位于开放场地，与动态的表演艺术相结合，吸引大量民众参与。它们植根于深厚的历史文化之中，具有显著的学术和科研价值。从总体上看，这些文化空间既保存了原始或复兴的古代文化，也展现了宗教的神秘性、原始文化的粗犷与野性之美，饱含原始的趣味。作为反映人类纯真思想的非物质文化遗产，它们生动地记录了人类历史与文化，展现了人类对生命、时间与空间的深刻洞察。在人类历史的生态链中，它们占据独特的文化位置，拥有无可替代的科研价值。

第二，非物质文化遗产的科学价值亦体现在其内含的丰富科学知识和要素，涵盖民族传统医学药学、历法及多种民俗和禁忌等方面，特别是民族传统医学药学，它展示了非物质文化遗产中的科学智慧，包括汉族医药学以及藏族、蒙古族、苗族、瑶族等少数民族的医药传统。中医药作为我国非物质文化遗产的重要部分，科学价值显而易见。中医学在漫长的发展过程中，形成了一套独特的医学理论体系，包括阴阳五行理论、经络学说、病因与机理分析以及相应的诊治策略，核心在于整体治疗观念和辨证施治方法。中医理论是由中医师丰富的个体经验支持的理论体系。中医讲究"望、闻、问、切"，这些都要靠经验传授，也要靠自身经验的积累，靠自身的感悟和摸索。中医的这些无形的技巧和经验，要靠每一个人在实践中去学习和掌握。中医治疗经验的个体性，决定了其传承的复杂性。在中药学领域，中药的采集与炮制过程、药性与药量的精确分析以及配方与服用方式的科学评估，都依赖于对植物学知识的深入理解，显示出该学科的科学性。例如，构成一剂中药的各种药材选择及其精确剂量的确定，均体现了其科学性，因为药材的用量差异可能导致治疗效果的变化。此外，煎煮中药的具体操作，如所用水量的多少、火候的控制程度以及煎煮时间的长短，都是影响药物效能和最终治疗成效的关键因素。这些过程的每一步都需严格按照科学原则执行，确保中药疗效的最大化。此外，即使对同一种药材植物，在它的不同生长阶段，以及在不同的时令采集和使用也会有不同的药效和治疗效果。例如，有一种叫白蒿的植物，如果是在初春嫩小的时候采集，就是一味叫茵陈的中药，可以去火养肝；如果等春天已过它已长大时采集，则基本上失去解热去火的功效，仅能作为一种在燃烧时靠气味驱除蚊子的蒿子。这些在世代累积基础上形成的对事物的科学认知和把握，非常值得我们珍视。

总之，非物质文化遗产有助于我们从人类学、民族学、历史学、宗教学、民俗学、文学、艺术学、心理学、社会学等多种学科去进行相关的科学研究和认识活动，具有很高的科学价值。因此，我们不能鄙视这些反映并表现了人类创造历史的早期行为的精神文化财富，也不应轻易地扔掉这些历经沧桑的活态人类文化，而是要充分认识它们所具有的重大的、不可多得的科学价值，积极地去保护、传承、研究它们，从而更好地丰富人类的历史文化知识，提高人们的科学认识水平。

五、社会和谐价值

非物质文化遗产可以塑造人们的思维和行为模式，在促进个体与社会间的和谐与全面发展方面具有无法替代的作用。《保护非物质文化遗产公约》中，联合国教科文组织突出了非物质文化遗产在强化人际关系和提升理解互通中的核心地位，认为非物质文化遗产是密切人与人之间的关系以及他们之间进行交流和了解的要素。非物质文化遗产的有效保护和传承，以及对它的深入探究，有助于加强个人内在与外部的和谐，促进各族群、国家和地区之间的相互理解与尊重，丰富人类精神世界，增进社会各层面的协调，推动社会的稳定性与发展。因而，非物质文化遗产对于实现社会和谐具有极为重要的作用和价值。

中华民族自古就倡导和谐。"和"与"谐"字分别代表了社会秩序的有序与和睦。儒家的孔子、孟子、荀子等学者深入探讨了和谐的理念，提出了以和谐为基础的治理国家的思想及建立和谐社会的目标，如孔子讲"和为贵""为政以和""和而不同"，孟子认为"天时不如地利，地利不如人和"[1]，荀子主张"和则一，一则多力"[2]。从哲学的视角来看，和谐被视作事物共生的根本状态，强调了在对立中寻求统一的重要性。社会学则将和谐定义为社会发展的理想形态，象征着自由、公平、诚实和友爱的社会环境，强调个人、社会和自然之间和谐共处的重要性。非物质文化遗产以其独有的形式促进了社会价值认同，从而有效地推动社会和谐发展的实现。

非物质文化遗产能够促进社会和谐，具有社会和谐价值。

第一，非物质文化遗产中蕴含着丰富的传统伦理道德资源。一个民族的文化沉淀与文化向善水平，在极大程度上影响了其伦理道德标准与社会文明的层次。伦理道德作为个体与社会和谐共存的关键调节机制，为人类社会的稳定运作奠定了基础。它成为调和个体关系、缓解社会冲突的根本策略与手段。因此，若在非物质文化遗产的保护与传承过程中，筛选并弘扬其内含的促进善行、敬老爱幼、诚实守信、人与自然和谐共生等积极伦理道德资源，必将极力推动和谐社会的建设。

在增强群体、民族与社会认同感方面，非物质文化遗产扮演至关重要的角色，成为促进社会和谐的坚固基石。每个国家和族群均拥有独特的文化标识，这些标识串联起共同的情感体验、生活习俗、伦理观念与世界观。作为文化中具有活力且影响深远的一部分，非物质文化遗产对于增强社会的认同感、加强族群的凝聚力发挥着至关重要的作用，从而在社会和谐的实现上具有重大意义。通过维护与

---

[1] 张新科，尚永亮. 先秦两汉文观止 [M]. 西安：陕西人民教育出版社，1998.
[2] 杨宽. 战国史 [M]. 上海：上海人民出版社，2019.

传承这些文化遗产，可以保持文化的持续性，强化社会个体与整体之间的联系，促使社会的和谐进步。

第二，社会是建立在共同的物质生产活动之上的，逐渐演变为一个复杂的人类生活共同体，它不仅是人与人之间相互作用的产物，更是一种文化和价值观的交流平台。在这样的共同体中，每个成员都经历着从个体到社会成员的转变，这是一个不断学习和适应的过程。它要求每个人不仅掌握共同的文化知识，还学会如何在这个文化环境中生活和发展。因此，非物质文化遗产作为一种特殊的文化表现形式，承载着丰富的历史和文化价值，并在帮助个体与社会之间建立起价值认同和促进社会和谐方面起到了无可替代的作用。个体对这些文化遗产的学习和内化，可以有效地促进社会的整体和谐与稳定。在个体的社会化过程中，非物质文化遗产扮演着极其重要的角色。它包含了一系列的文化元素，比如行为准则、伦理道德以及各种社会习俗等，这些都是个体在其社会化过程中需要认同和遵守的。非物质文化遗产的社会性、群体性、共享性和活态性，不仅是其文化价值的体现，更是个体寻求社会认同和归属感的重要资源。通过对这些文化遗产的学习和实践，个体能够更好地融入社会，促进了社会的整体和谐与稳定。

在全球化的背景下，经济发展和文化交流日益频繁，文化多样性面临着前所未有的挑战。在这种情况下，各个国家、地区和民族越来越意识到保持自己文化特性的重要性。非物质文化遗产作为一个国家或民族文化身份的重要标志，不仅是对过去的一种记忆，更是对未来的一种传承。它是民族情感和精神的重要源泉，是构成民族日常生活的基本元素。因此，在现代工业文明和消费文化的冲击下，如何有效地保护和传承这些非物质文化遗产，不仅关乎一个民族的文化继续存在和发展，更关乎社会的长期和谐稳定。充分认识和利用非物质文化遗产的价值，可以帮助各个民族和国家在全球化的大潮中保持自己的文化特色和尊严，也有助于促进不同文化之间的交流和理解，进一步推动社会的和谐与进步。

在每一个民族的独特文化体系中，非物质文化遗产都扮演着至关重要的角色，它不仅保存了该民族独有的文化形态和个性，还承载着丰富的传统文化内容。这些内容不单是对民族生活方式和思想价值取向的一种规范，更是促进民族内部团结与社会整体和谐的桥梁。通过非物质文化遗产的传承与发扬，每个民族都能在全球化的大背景下保持其文化的独特性与连续性，进而增强民族的凝聚力和亲和力，维护社会的稳定与和谐。

全球各个国家和民族都拥有自己独特的文化传统，这些传统不仅是本民族独立和尊严的象征，也是推动民族振兴与进步的精神力量。非物质文化遗产作为民族文化的精华所在，不仅凝聚了民族的精神和性格，更是民族情感与心理的重要寄托。这些文化遗产深深植根于民众的日常生活之中，无论是在饮食、着装、居住上，还是交通方式上，都能找到它们的身影。这种深度的融合不仅让非物质文化遗产成为民众生活不可或缺的一部分，也使其成为强化民族凝聚力、促进民族共识和认同的重要力量。因此，非物质文化遗产在传承和发展传统文化、塑造民族精神方面发挥着不可替代的作用。非物质文化遗产不仅反映出民族的心理结构、思维习惯和生活风俗，更是促进社会认同和和谐的关键。通过对非物质文化遗产的保护和传承，可以有效增强民族文化的认同感，促进社会成员之间的相互理解和尊重，从而维护和促进社会的和谐与稳定。在这个多元化与全球化并存的时代，非物质文化遗产的价值和作用显得尤为重要，它不仅是连接过去与未来的桥梁，更是构建和谐社会的基石。

非物质文化遗产在维护和促进社会和谐方面扮演着无可替代的角色，这种遗产能够在多个层面上促进和谐的实现。它不仅有助于增进人与自己内心的和谐，也促进了人与他人之间以及人与社会、人与自然之间的和解与协调。这种文化形态通过其丰富的口头传统、仪式、节庆活动等，传达了一个社区、一个民族乃至全人类共享的核心价值观和道德准则。在这些传统中，故事和传说以其生动的叙述和深刻的寓意，弘扬了诚实守信、互帮互助、坚韧不拔等美德，从而在社会各层面中播撒了和谐的种子。具体体现在以下几个方面：

第一，就个体而言，非物质文化遗产中的道德教育对塑造个体的品格和行为方式有着深远的影响。这些文化传统通过讲述善有善报、恶有恶报的故事，强调了正直、诚信以及乐于助人的重要性。它们教导人们在面对生活的诱惑和困难时，应保持坚定的意志和正直的心态，这不仅有助于个人内心的平静与自我认同，还促进了社会成员之间的相互理解和支持。此外，这些传统和故事还强调了心理韧性的重要性，即在面对失败和挑战时，能够保持积极向上的态度，这种心理素质对于个人在现代社会中的适应和成功至关重要。

在当代社会，个人心理自洽成为一项重要议题。季羡林说："我们讲和谐，不仅要人与人和谐，人与自然和谐，还要人内心和谐。"[①]通过深入研究这些传统，人们可以从中学习如何正确处理个人与环境之间的关系，如何面对生活中的困难和挫折。非物质文化遗产强调的和谐价值观有助于人们建立起积极的世界观和人生观，增强心理承受力，提高应对逆境的能力。这不仅使个人能够在困难面前保持坚韧和乐观，还能促进社会整体的和谐与稳定。通过这种方式，非物质文化遗产成为促进个人成长、增进人际关系和维护社会稳定的重要桥梁和纽带。

第二，就个体与集体、社会而言，非物质文化遗产不仅是历史的见证，也是现代社会中促进个体与集体、社会和谐相处的重要因素。这种遗产通过其深厚的文化内涵和独特的表现形式，为不同背景的人群提供了共同的认同感和归属感，在促进人与社会之间建立更和谐关系方面发挥了不可替代的作用。

第三，就集体与集体而言，非物质文化遗产在促进全球各族群、国家以及地区之间和谐相处方面，扮演着极其重要的角色。以中国的土族地区为例，藏传佛教的广泛传播与接受促进了土族与藏族人民在青海省同仁县共襄盛举，参与当地重要的宗教庆典——"六月会"中。这种文化共享与互动不仅有助于加深两个民族之间的理解与尊重，还促进了他们在地区内的和谐共处与共同繁荣。

非物质文化遗产的范畴远不止于此，它跨越国界，涵盖了蒙古族的长调与马头琴、中亚的木卡姆、柯尔克孜族的口传史诗《玛纳斯》等，这些文化瑰宝在我国与蒙古国、哈萨克斯坦、吉尔吉斯斯坦及阿富汗等国之间共有。正是通过这些共生、共存的非物质文化遗产，我们能够促进并加深不同民族、地区与国家之间的文化合作与交流，借此强化民族团结与国际交流，使之成为维护国家之间良好合作关系的重要纽带。在积极保护与传承这些非物质文化遗产的过程中，不仅可以增进国际社会的理解与友谊，还能够显著提升各民族的自豪感、自信心与凝聚力。

---

① 魏红霞. 名人名言 [M]. 北京：北京教育出版社，2014.

保护非物质文化遗产不仅是一种文化传承的行为，更是一种促进地区和谐、稳定发展和加强国际交流与合作的有效手段。许多非物质文化遗产，如端午节、中秋节和春节等，是不同民族共同拥有的文化财富，这些节日和习俗的共享不但加深了不同文化背景人群之间的相互理解，也为文化交流搭建了桥梁。此外，非物质文化遗产在国际交流与合作中的作用不应被忽视，它强调了对文化多样性的尊重和保护，避免了文化同质化和文化破坏的风险，进而在全球范围内促进了文化的多样性与丰富性。通过这种方式，非物质文化遗产成为国际交往中促进和谐与理解的重要载体。

第四，就个体、集体以及社会与自然的关系而言，非物质文化遗产的重要性不容忽视，尤其是在促进人与自然和谐共存方面的作用。以藏族的禁忌文化为例，这种文化不仅是藏族人民非物质文化遗产的重要组成部分，而且承载着深厚的生态保护意识。在藏族的禁忌文化中，众多禁忌规范旨在防止人类对自然的肆意破坏，特别是对青藏高原这一脆弱自然生态环境的保护至关重要。通过这些禁忌，如禁止在神山乱砍滥伐、乱挖乱猎，禁止在神湖随意游泳捕捞，禁止在草原上随意放牧搬迁、挖土取土、猎杀鸟兽等，有效预防了山体滑坡、水土流失、生态系统失衡等一系列生态问题，保障水源的纯净和生态系统的平衡。正是这种对自然的敬畏，构建了人与自然和谐相处的基础，使青藏高原这片土地成为地球上的一块净土。

同样，非物质文化遗产中还蕴含着其他民族对自然的敬畏之心，如白族的"绕三灵"活动和壮族的自然崇拜文化。白族人民通过每年特定的时间踏苍山、游洱海的方式，深入大自然，从而唤醒并加深了对自然界的热爱和尊重。壮族人民的非物质文化遗产中蕴含着丰富的自然崇拜文化，如对日月星辰、风火雨雷以及动植物的崇拜，都体现了他们将自然视为人类的朋友而非对手的世界观。这种基于"万物有灵"观念的自然崇拜，促进了人与自然的和谐共存，维护了生态平衡。

非物质文化遗产所蕴含的社会和谐价值是多方面的，它不仅在促进人与自然和谐相处方面发挥着不可替代的作用，还在培养人们尊重自然、维护生态平衡及促进社会和谐等方面展现出深远的影响。这种文化遗产对于塑造一个健全人格、心理坚强、善待他人及自然的社会成员，对于维护民族团结、社会稳定，乃至促进国际团结和地区安宁,维护国家文化安全都具有极其重要的价值。因此,对非物质文化遗产的重视和利用不应仅停留在理论层面,更应通过具体实践,深入挖掘和发挥其在构建和谐文化及社会中的独特作用和价值,让非物质文化遗产在促进社会和谐发展的道路上发挥其不可替代的重要作用。

六、审美价值

非物质文化遗产蕴含着丰富的工艺品和表演艺术等元素,它们不仅具备极高的艺术和审美价值,而且为艺术和审美领域的研究提供了珍贵的资源。这些多姿多彩的遗产不仅展现了民族的生活特色、审美偏好及艺术创新能力,且具有极高的审美价值。对于非物质文化遗产的审美价值,可以从以下几个方面进行阐述:

第一,非物质文化遗产包含了众多艺术品,这些艺术品是不同时期、不同民族的劳动和智慧的结晶,反映了当时的审美观念和美学标准。这些艺术成就之所以能被传承至今,是因为它们的审美品质和创造性得到了历史上各个时期人们的广泛认同和高度评价。因此,这些作品不仅拥有极高的审美价值,而且对当前及未来的研究者来说,是值得了解、欣赏和深入研究的宝贵财富。

在非物质文化遗产中,有许多艺术作品或具有艺术因素的作品,因此非物质文化遗产就有许多审美价值需要我们去发现、认识、研究、总结和弘扬。其中,包括了许多独树一帜的艺术创作、无法复制的艺术技巧以及独特的艺术形式,这些都能深深触动人们的心灵,激发人们的情感共鸣。非物质文化遗产中也收录了人类艺术史上的杰出作品,这些作品不仅代表了人类艺术的巅峰,也是人类艺术能力、审美观念以及艺术创造智慧的集大成者。

以今天的眼光来看,非物质文化遗产中有很多东西确实是属于艺术创造乃至艺术杰作。艺术家们通过这些作品,生动地表达了他们对世界的看法和理解,揭示并反映了当时人们的生活状态、社会活动和社会关系。通过这些作品,人们能够直观地感受到当时的历史事件、生活状态和方式、不同群体的生活习俗,以及他们的思想情感、艺术创作风格、特点及成就。

无论什么时代,艺术作品作为非物质文化遗产的一部分,往往是既富于原创性的个人创造，又具有鲜明的时代特点和民族特性、地域特征。经由这些传承下来的艺术精品与杰作，观众得以深入领会来自不同背景和群体的艺术才华，因此非物质文化遗产具有较高的审美价值。以撒拉族为例，主要分布于中国青海省循化撒拉族自治县，以其歌唱技艺闻名。撒拉族的民歌，不仅反映了该民族的情绪与生活实况，还因其深情厚谊及旋律的柔美，在河湟地区的花儿歌曲中占据特殊位置，呈现出鲜明的民族风貌与浓郁的民间特色，被视为中国民族艺术宝库中富有强烈艺术生命力与表现力的宝贵财富。我国是一个统一的多民族国家，每一个民族都有自己独特的非物质文化遗产，都有像撒拉族那样不胜枚举的民歌。

民间文学作为非物质文化遗产中不可或缺的一环，映射了过去民众的审美理念与艺术兴趣，特色既明显又多样。在传承的过程中，大量民间文学作品孕育出了鲜活的文学形象，遗留下精湛的技艺和感人的艺术章节，为各时代民众提供了审美的享受与体验。许多民间文学作品更是如清水出芙蓉，极具自然天成之美、巧夺天工之妙，美不胜收，堪称艺术经典、文学典范，具有极高的审美价值。

第二，在深入探讨非物质文化遗产的审美价值时，可以发现，不仅口头文学、民间文学和表演艺术具有审美价值，其他形式的非物质文化遗产也具有较高的审美价值，如民族民间文化、社会习俗、服饰织染以及红白礼仪等。无论是在哪个地区、哪个时代，或是属于哪个民族，这些非物质文化遗产都可以被视为该地区或民族文化史和艺术史的活化石。它们是历史的见证，展现了不同民族群体在艺术创造和智慧方面的非凡才能。通过这些遗产的传承和展现，可以看到人类在不同文化背景下所表现出的杰出艺术才能和创新精神，这无疑是全人类共同的、不可多得的宝贵财富。

此外，非物质文化遗产在当代社会的艺术创作和文化发展中扮演着不可或缺的角色。它们存储了丰富的文化艺术创作原型和素材，为当代的文艺创作和文艺创新提供了源源不断的灵感。在现代社会，许多影视作品、小说、戏剧和舞蹈等优秀的文艺作品都是从这些非物质文化遗产中汲取灵感、孕育而生的。通过对这些遗产的再创造和再演绎，不仅充分展现了非物质文化遗产中蕴含的审美价值，也让这些文化遗产得以在新的时代背景下焕发新的生命力。因此，非物质文化遗产不仅是连接过去与现在的桥梁,更是推动各民族文化、艺术发展,促进文化多样性的重要力量。

总之,我们除了要从纵的方向沿着历史的时间长河认识非物质文化遗产的历史价值、文化价值、精神价值等历时性基本价值,还要从横的角度、视野开阔地扫视宽广空间,认识非物质文化遗产的科学价值、和谐价值、审美价值等共时性基本价值,纵横结合,时空交叉,立体地、全面地认识非物质文化遗产的基本价值。

第二章 非物质文化遗产的数字化研究

本章为非物质文化遗产的数字化研究，主要介绍非物质文化遗产数字化研究的意义、非物质文化遗产数字化研究的技术分析、非物质文化遗产数字化保护标准与原则、非物质文化遗产数字化保护手段四方面内容。

第一节 非物质文化遗产数字化研究的意义

在全球化和现代化的浪潮中，尤其在我国社会现代化和城镇化进程加快的背景下，人口流动加剧，信息化水平提升，那些承载着民间口头文学、艺术和手工艺技能的艺人逐渐减少甚至消逝，这无疑加大了民族文化记忆中断的风险。非物质文化遗产正面临被遗忘、被破坏甚至消亡的严重威胁。因此，抢救和保护这些遗产已刻不容缓。全国范围内，我们运用文字、录音、录像、数字化多媒体等现代科技手段，对珍贵且濒危的非物质文化遗产进行真实、系统和全面的记录，并建立档案和数据库，这是中国民族民间文化保护工程的重要组成部分。

随着信息时代的到来，数字化进程加速，对非物质文化遗产的潜在影响逐渐增强。那些依赖于口传心授和行为传承的文化遗产正逐渐消失，历经百年甚至千年的传统手工艺在日常生活中逐渐失去用武之地，与这些手工艺一同消失的，还有中华民族代代相传的人文思想、文化精髓和精神信仰。这些以口头或动作方式传承的非物质文化遗产，被誉为历史文化的"活化石"，其存在本身就是一种文化的持续。

在数字信息时代，传统文化的原始生态环境在信息浪潮中逐渐瓦解。仅依靠静态的文字、图片和影音等方式来记录和保存非物质文化遗产，已无法使其在当代文化环境中占有一席之地。然而，数字技术为非物质文化遗产的传承提供了广阔的空间，在传播方式和内容表现上都为其创造了新的可能性。借助数字技术，为非物质文化遗产构建一个适合其生存和发展的活态环境已成为当务之急。

一、数字化能够有效保存非物质文化遗产

利用数字化信息获取与处理技术，我们能以新颖且高效的方式保护非物质文化遗产，确保它们以最真实的形态得以留存。目前，我们的保护措施多局限于拍照、采访、记录及物品收藏等基础层面。再借助先进的数字化信息技术，我们可以将手稿、音乐、照片、影像及艺术图片等非物质文化遗产资料转化为数字格式，并安全地存储在计算机硬盘、光盘等介质中。数字多媒体技术的进步使得非物质文化遗产的保护与展示不再受地域限制，可以在虚拟空间中重现真实的历史、地理信息，为公众提供直观的感受。1950年，中央音乐学院为了挖掘、研究和保存民间音乐，特地派遣杨荫浏、曹安和等教授前往无锡，使用当时尖端的钢丝录音机为民间艺术家华彦钧（即盲人阿炳）录制了《二泉映月》。这首经典的音乐作品后来被转化为数字格式保存，现在人们只需购买一张CD或通过网络下载，便能聆听阿炳的这段传世之作。

数字信息获取与处理技术不仅为整理、收集和记录民族民间文化艺术信息提供了便利，更在展示效果和保真性上超越了传统保护方式，为这些宝贵的非物质文化遗产提供了更安全、更长久的保存环境。

二、数字化展示平台能够再现非物质文化遗产的风采

中华民族的非物质文化遗产丰富多彩，具有深厚的文化内涵和独特的艺术魅力。这些宝贵的文化遗产承载着民族的历史记忆和文化传承，是民族精神的重要体现。然而，由于海量的信息资料和复杂的保存要求，非物质文化遗产的保护工作面临着巨大的挑战。为了有效地保存和再现这些珍贵的文化遗产，我们不能仅满足于简单的数据堆积，而是要在全面调查发掘的基础上，按照"数字化"和"多媒体格式"的要求，对非物质文化遗产进行深入的加工、整理、分类编码，并最

第二章 非物质文化遗产的数字化研究

终系统化地分类存入数据库。这是一项庞大而艰巨的工程，需要投入大量的人力、物力和财力。幸运的是，全国民族民间文化保护工程普查为我们提供了一个难得的机会。为了能确保普查工作的统一性和规范性，《中国民族民间文化保护工程普查工作手册》应运而生，为普查对象的记录与收集提供了规范化的指导。这份手册不仅明确了普查资料的分类标准，还规定了编码登记、保管存档的序列化流程。在普查工作中，我们将遵循资料保存数据化、再现多媒体化的原则，对非物质文化遗产进行补充登记和资料的编辑加工。通过这些数据信息资料，我们可以构建一个"非物质文化遗产数据库系统"。这个系统可以分为基层版和高级版两个层次。基层版将安装在各地市级非物质文化遗产保护工程中心办公室，用于将普查的基础资料按照具体分类输入本地数据库中。而高级版则通过互联网或数据光盘实现数据的上传和整合，形成全国性的非物质文化遗产数据库网络。通过这个数据库系统，我们可以实现民族民间文化的网络传播和信息化共享。通过互联网平台，我们可以让更多的人了解、欣赏并热爱我们的民族民间文化，从而增强他们对这些文化遗产的兴趣和认知。这种网络传播和信息共享的方式不仅可以促进民族民间文化的异地交流和广泛传播，还可以提高非物质文化遗产保护的学术研究水平，推动民族民间文化的艺术提升。

此外，数字博物馆作为一种新型的数字化展示平台，为民族民间非物质文化遗产的大众传播提供了有力支持。与普通博物馆相比，数字博物馆不仅展示了静态的藏品，还将民间工艺制作过程的历史流变、工艺存在的文化状态、民间艺人档案、民艺品类、传播方式、制作工艺、民艺品原材料以及民间生活方式等文化艺术的全过程，进行数字化编程后存入数据库网络。在数字博物馆中，我们可以以活态文化的方式呈现各种民族民间非物质文化的具体内容和民间艺术的精髓。比如，"蓝印花布是一种具有浓厚传统风格的民间工艺品，有丰富多采的技法和变化生动的造型，具备简练、质朴、大方、实用等特色。"[1] 随着数字博物馆的发展与普及，我们相信大众可以更加快捷地了解我们中华民族各种优秀的非物质文

---

[1] 邓白. 邓白全集3：陶瓷·美术文论[M]. 杭州：中国美术学院出版社，2003.

化遗产。这将有助于激发民族民间文化的发展活力，推动其在现代社会中的传承与创新。

总之，通过构建非物质文化遗产数据库系统和发展数字博物馆等举措，我们可以更好地保护和传承中华民族的非物质文化遗产，让这些宝贵的文化遗产在未来的岁月中继续熠熠生辉。

三、数字化给非物质文化遗产提供了更大的发展空间

随着信息化时代的推进，我们的民族民间文化亟须融入更多现代化元素。为此，构建一个基于计算机技术的综合性数字化非物质文化遗产保护与发展框架显得尤为关键。这一框架将使现代人得以通过电子设备欣赏，并获取相关文化信息。利用现有的软件技术，对非物质文化遗产进行创新设计已成为时代所需。这涵盖了以下几个方面：

第一，通过数字化技术，对非物质文化遗产进行学术分类和信息化存储，旨在建立一个全面、系统的资料性符号库与素材数据库。此举不仅能提高研究者和保护者查询相关数据的效率，更能为非物质文化遗产的保护工作拓展思路，激发创新思维，从而提升整体的保护和研究水平。

第二，开发非物质文化遗产的声音、图像检索技术，并研究计算机辅助设计系统。这将有助于我们更深入地挖掘和整理非物质文化遗产的丰富内涵，使其得以更广泛、更便捷地传播。

第三，探索非物质文化遗产的数字化信息获取技术、多媒体虚拟场景建模技术以及虚拟场景协调展示技术。

特别是多媒体虚拟场景建模技术，作为一种三维动画展示技术，能够生动、形象地呈现许多难以用文字描述的民间技艺。例如，享有盛誉的南通板鹞风筝，其融合了扎糊造型、配色绘画、音律设计、哨口雕刻等多种工艺。通过计算机技术，我们可以将这些复杂的技术参数进行数字化归纳，设计出一套相应的软件程序，使哨口的音质、音调更为精准。同时，结合虚拟场景建模和计算机辅助设计等技术，将哨口雕刻的全过程进行数字化展示，使观众能够身临其境地感受这一

传统工艺的魅力。此外，南通板鹞风筝的绘画也颇具特色，画面精细，充满民间韵味，寄托着人们的理想与愿望。通过数字化保护开发，我们可以对这些画面进行数字化的归纳和整理，形成具有板鹞风筝特色的图形语言系统，并将其应用于现代设计中，使这一民间传统文化的观念基因得以传承。综上所述，通过构建以计算机为基础的数字化非物质文化遗产保护与发展框架，并充分利用现有的软件技术进行创新设计，我们不仅可以使民族民间文化焕发新的生机与活力，还能推动其在现代社会中的传承与创新发展。

第二节 非物质文化遗产数字化研究的技术分析

非遗数字化的进步与发展，离不开多种技术的支持与推动。从全球范围内的实践来看，数字影音、虚拟现实、增强现实、3D扫描与重建以及动作捕捉等技术，均在其中扮演着至关重要的角色。深入掌握这些技术的原理，并详细分析相关的实际案例，对于提升其在非遗保护与应用中的效果具有不可或缺的作用。

一、数字影音技术在非遗发展中的应用

数字影音技术在非遗保护中占据着基础且核心的地位，其应用广泛且迫切。面对日新月异的技术进步，我们要紧密结合非遗的实际发展需求，对数字影音技术进行恰当的应用与部署，以更好地服务于非遗的保护与传承。

（一）数字影音技术概述

简单来说，数字影音技术是利用数字化手段创作和展示音视频内容的过程，包括数字音频和数字视频两个方面。数字音频通过二进制编码方式记录音频信息，即将电平信号转换为二进制数据并保存，然后通过播放设备将数据还原为模拟电平信号进行播放。而数字视频则是以二进制编码的数字信息记录视频资料，同样需要将模拟视频信息转换为数据并保存，再通过数据转换在视频播放设备上展示。

与数字影音技术密切相关的是流媒体技术。流媒体技术允许视频、音频等多媒体内容在互联网上以近实时的速度播放，而无须等待整个文件下载完成。流媒体技术采用流式传输方式，将音频和视频等多媒体文件经过特殊压缩后分成多个数据包，由服务器连续、实时地传输给用户计算机。用户只需经历短暂的启动延迟，即可开始播放压缩后的流媒体文件，实现边下载边播放的效果。随着高带宽、低时延和大容量的5G技术的普及，数字影音和流媒体技术将得到更广泛的应用，并且用户体验也将得到显著提升。数字影音技术因其便捷存储、低成本、传输保真度高以及编辑处理方便等优点，成为非遗保护、传承和传播中的关键技术。

（二）数字影音技术应用的具体例子

皮影戏，亦称"影子戏"或"灯影戏"，是一种通过酒精灯或蜡烛等光源投射兽皮或纸板制成的人物剪影来演绎各种故事的民间艺术形式。它的历史可追溯到西汉，唐代时开始兴盛，清代则达到了鼎盛。这种利用光影创造的艺术被誉为"电影的鼻祖"和"最早卡通动画"，深受人们的喜爱，并具有深远的社会影响。然而，随着数字技术的进步和新媒体的普及，传统的皮影戏正面临前所未有的挑战。因此，结合数字影音技术成为皮影戏在新时代背景下创新发展的必由之路。

"中国皮影网络传播平台建设"项目于2017年成功获得国家艺术基金的资助。该项目以中国美术学院民艺博物馆收藏的皮影资源为基础，利用数字影音技术，生动地呈现作为物质文化遗产的皮影和作为非物质文化遗产的皮影戏。其目标是为传统皮影戏在数字时代寻找新的生存与发展空间。经过几年的努力，该项目已经收集了超过4.8万件皮影图像资源，涵盖了全国各地的皮影流派和造型。其中，既有饱含历史记忆的传统剧目，又有深受小朋友喜爱的寓言剧，还有颇受年轻人追捧的摇滚皮影[①]。此外，该项目还收录了民国时期皮影名角的珍贵唱段等音频文件，为皮影戏的传承与传播提供了宝贵的非遗资源。

---

① 彭建波. 皮影数字博物馆[EB/OL].（2017-11-22）[2023-9-1]. http：//shadow.caa.edu.cn.

（三）数字影音技术在非遗发展中应用的提议

随着智能手机的普及和其他影音设备的广泛使用，数字影音技术在非遗领域的应用越来越普遍。在实际应用时，需要关注以下三个方面：首先，对于已经存在的非数字影音资料，应进行数字化转换，确保转换后的清晰度和保真度达到最佳，以满足非遗传承和传播的新需求。其次，为了丰富非遗的影音素材库，我们应着重采集和记录传承人的第一手资料。鉴于传承人可能面临的年龄老化、技艺失传等问题，能及时利用影音手段记录他们的技艺就显得尤为重要，这有助于抢救性保护珍贵的非遗资料。最后，借助社交媒体平台公开发布相关的数字影音作品，有助于更好地推动非遗的传承和传播工作。

二、虚拟现实技术在非遗发展中的应用

虚拟现实技术作为一种广为人知的数字技术，正逐渐渗透到各个行业领域，并与非遗文化相结合，形成了一股新的潮流趋势。

（一）虚拟现实技术概述

虚拟现实技术（Virtual Reality，缩写VR），又被称为"灵境技术"，这个概念最初在20世纪80年代由美国VPL公司的创始人拉尼尔提出。这项技术起源于美国军方的作战模拟系统，但随后在商业领域得到了广泛的推广和应用。虚拟现实技术是一种通过集成计算机仿真学、计算机图形学、传感技术、人工智能、显示技术和网络并行处理等多种技术，创造出一种交互式的三维动态视觉场景，使用户感受到沉浸式的环境体验。在这个虚拟环境中，视觉感受占据主导地位，但同时融合了听觉和触觉的综合感知，使体验者能够观看、聆听、触摸和互动，实现与虚拟环境的高度融合，产生一种"身临其境"的感觉。

（二）虚拟现实技术的特点

虚拟现实技术具备四大特点：

1. 互动性

在计算机生成的虚拟环境中，用户可以借助特定的传感器与之互动，获得与

真实世界相似的体验。例如，在真实情景中，当我们用拳头击打物体时，会感受到痛感和打击力；虚拟现实技术通过压力传感器的应用，能够模拟这种情境，使用户体验到触痛等感觉。

2. 沉浸性

虽然计算机创造的环境是虚拟的，但用户却能获得强烈的沉浸感，这种沉浸感与真实世界的体验非常接近。

3. 创造性

虚拟环境能够激发用户在特定情境下的想象力，例如想象自己身处高空或深海之中，从而带来独特的体验和感受。

4. 整合性

虚拟现实技术不仅要求各种相关技术的完美融合，还需要实现人与虚拟环境的和谐融合。只有当这种融合达到理想状态时，才能实现虚拟与现实的完美结合。

（三）虚拟现实技术在非遗发展中应用的具体例子

非物质文化遗产与特定的历史时期和独特的发展环境紧密相连，其发展背景与现实世界存在显著差异。因此，利用虚拟现实技术来"重现"这些历史中的场景，对于用户体验、传承和传播非遗具有特殊的意义。2019年，中央电视台推出了一部以中国非物质文化遗产为主题的VR纪录片——《昆曲涅槃》。这部纪录片不仅呈现了昆曲曲词典雅、行腔婉转、表演细腻的独特韵味，还展示了书法艺术的流畅奔放、园林景观的自然流畅以及视觉设计的传神生动等艺术之美，为昆曲注入了现代的气息。观众只需佩戴VR眼镜，便能"身临其境"地感受江南水乡的别致韵味，目睹姹紫嫣红的盛景，聆听悲欢离合的动人故事。此外，纪录片中还节选了一段昆曲舞台剧，由新生代昆曲艺术传承人张军倾情演绎，实现了传统非遗与现代技术的和谐融合，为观众带来了独特的视听享受。

（四）虚拟现实技术在非遗发展中应用的提议

为了更有效地推动虚拟现实技术在非物质文化遗产领域的应用，我们需要关注以下三个方面的问题：首先，结合虚拟现实技术的特性，我们应专注于开发针对传统音乐、舞蹈和体育等具有高度参与感的非遗类别的虚拟现实项目，为后代提供更多非遗参与体验的机会；其次，为了增强虚拟与现实的结合并充分发挥各自优势，我们需要吸引更多的非遗传承人参与到非遗虚拟现实项目的制作中来；最后，针对非遗学习者，特别是那些有志于成为传承人的青少年非遗爱好者，我们应开发交互性强、专业度高的虚拟现实学习项目，以降低学习难度，进一步提升学习效果。

三、增强现实技术在非遗发展中的应用

随着技术的进步，增强现实技术作为虚拟现实技术的延伸，因其更全面的功能而备受瞩目。在非物质文化遗产的发展中，增强现实技术的应用正逐渐深入，为非遗的传承与传播提供了新的可能。

（一）增强现实技术概述

增强现实技术是一种综合性的技术应用，它是结合了三维建模、多媒体、智能交互和传感技术等多种手段，将虚拟信息与真实世界相融合的技术。这种技术可以将计算机生成的文字、音频、视频、三维模型等虚拟信息模拟仿真后，应用到真实世界中，实现虚拟信息与真实信息的相互融合，从而增强对真实世界的呈现效果。

增强现实的概念起源于1992年，当时波音公司的两位技术专家汤姆·考代尔和大卫·米泽尔开发了一款辅助软件，用于在铺设电缆的过程中显示增强信息。这一创新引领了增强现实技术的诞生。1994年，加拿大研究人员保罗·米尔格拉姆和日本研究人员岸野文男共同发表了一篇题为《混合现实视觉显示的分类》的理论文章，为真实与虚拟之间的过渡提供了新的定义，推动了增强现实的理论研究向纵深发展。随着技术的不断进步，增强现实技术的应用范围日益广泛，其应用效果也愈发显著。

如今，增强现实技术不仅能够展现真实世界的状况，还能将虚拟信息以生动的方式呈现出来。这两种信息相互补充和叠加，使得真实世界场景与虚拟信息完

美融合，为用户带来比现实世界更加丰富多彩、沉浸式的虚拟体验。

（二）增强现实技术的特点

增强现实技术具备三大核心特性：

第一，增强现实技术实现了现实世界与虚拟世界的无缝融合。通过集成两者的不同信息，增强现实技术创造了一种新颖且独特的体验环境，为用户带来前所未有的感官冲击。

第二，增强现实技术拥有实时交互性。由于虚拟信息与现实世界能够同步响应，使用户可以与增强的现实环境进行自然、流畅的交流与互动。

第三，增强现实技术能在三维空间中增添虚拟物体。这一特性使物理世界与虚拟世界得以紧密结合，给人以难辨真假的视觉体验。

增强现实技术的应用范围十分广泛，涵盖了科技、教育、医疗、军事、工程、建筑、影视等多个领域。随着技术的不断成熟，它在各个领域中所发挥的作用日益显著，为我们的生活带来了更多可能性与惊喜。

（三）增强现实技术在非遗发展中应用的具体例子

以苏州刺绣为例，这一世界级非物质文化遗产在全球享有盛名。为了让更多人深入了解和学习苏绣，刘昭艳女士作为刺绣花式绣法的开创者及苏绣非物质文化遗产的传承人，引入了Top Smart（顶级智能）公司提供的增强现实技术。借助增强现实智能眼镜，人们无须离家便能享受刺绣大师一对一的教学体验。这项技术将古老的刺绣工艺以更加真实、生动的方式展现在学习者眼前，通过绣娘的第一视角，展现刺绣的精湛技艺和深厚内涵。学员们能够真实地感受到每一针一线的精细之处，领略刺绣艺术非凡的魅力，仿佛置身于一个丰富多彩、充满创意的刺绣世界。

（四）增强现实技术在非遗发展中应用的提议

相较于虚拟现实技术，增强现实技术拥有更加出色的"逼真"能力，能更加真实地模拟虚拟场景的体验效果。为了能推动增强现实技术在非遗领域的深入应用，我们需要关注以下三个关键方面：第一，结合增强现实技术的独特优势，我们应优先选择传统美术、传统技艺等非遗门类进行技术应用和开发，使创作类非遗项目能够以更具参与感的形式得以传承；第二，加强对非遗传承人的增强现实技术培训，帮助他们更有效地利用这一技术进行教学和传承工作；第三，鼓励增强现实技术开发人员与非遗传承人进行全方位、多角度、深层次的合作，共同研发创新型的非遗增强现实项目，为非遗的传承和发展注入新的活力。

四、3D 扫描与重建技术在非遗发展中的应用

3D 是英文"three-dimensional"的缩写，代表三维空间。3D 扫描与重建技术在非物质文化遗产的数字化记录与传播中扮演着举足轻重的角色，相关应用正日益普及。

（一）3D 扫描与重建技术的原理

与 3D 有关的概念非常丰富，包括 3D 电影、3D 绘画、3D 打印、裸眼 3D、3D 电视等，它们已经深入我们日常生活的各个方面。三维技术的起源可以追溯到 1838 年的英国，当时著名物理学家查尔斯·惠斯通发明了能观看立体图像的体视镜，通过特定的反射镜和图片摆放方式，观众可以体验到强烈的立体感，从而开启了人类的三维视觉体验之旅。经过一个多世纪的发展，3D 技术在医疗扫描、制造打印、商业设计等多个领域得到了广泛应用。由于其广泛的应用范围和深远的影响力，英国《经济学人》杂志将其誉为推动新工业革命的关键技术之一。

3D 扫描与重建技术是指利用 3D 扫描设备来捕捉和分析现实世界中物体或环境的形状、外观等数据，并通过计算进行三维重建，从而在数字世界中生成与实际物体精确对应的数字模型。这项技术不仅可以用于重现物质性文化遗产，如故宫博物院利用它建设的"虚拟紫禁城"项目，还可以应用于非物质文化遗产的传承和保护，具有十分广阔的应用前景。

（二）3D 扫描的特点和 3D 重建的具体步骤

3D 扫描是一项涉及光学测量、机械传动、电子控制、计算机通信和图像处

理等多种技术的综合性过程。它是通过对实物空间外观、结构及色彩的精确扫描，获取物体表面的空间坐标和特征参数，进而将这些信息转换为计算机能够直接处理的数字信号。这一转换过程为实物的数字化提供了高效且便捷的手段。三维扫描的技术特征主要体现在以下三个方面：第一，数据采集速度快，相较于传统方法，能够显著提升工作效率，增加产出；第二，数字化数据采集方式精度高，能够克服人为误差等因素的影响，确保数据的准确性；第三，数据采集灵活性高，可以根据实际需求选择特定的数据类型进行采集，并进行针对性的分析加工。

而3D重建则是对三维物体进行数学模型构建的过程，目的是使其适合计算机进行表示和处理。一般而言，3D重建包括以下关键步骤：第一是图像获取，通过摄像机等设备捕捉三维物体的二维图像；第二是摄像机标定，即建立有效的成像模型，求解出摄像机的内外参数，从而获取目标对象的三维点坐标；第三是特征提取，从"基于方向导数的方法""基于图像亮度对比关系的方法""基于数学形态学的方法"中选择合适的方法，提取特征点、特征线和区域特征值等数值；第四是立体匹配，即根据所提取的特征，将同一物理空间点在两幅不同图像中的成像点进行精确对应；第五是三维重建，结合摄像机标定的内外参数，重建出完整的三维场景。

（三）3D技术在非遗发展中应用的具体例子

在西藏，羊毛纺织的历史可以追溯到上千年前。在这些纺织品中，哗叽无疑是最为珍贵的一种，它的生产技术极具挑战性，制作工艺也相当复杂。特别值得一提的是"泽当哗叽"，由于其质地柔软、耐用性强、纹路清晰、冬暖夏凉且清洗后不易变形等特点，使它在国内外都享有极高的声誉。泽帖尔的经纬线编织技术精细至极，即使是当地最熟练的纺织工人，一天也只能织出大约20厘米的布料。泽帖尔的编织过程包括18道程序，从选材、捻线、染色到经纬线的编织，每一步都是手工完成。然而，正是因为泽帖尔的名贵、选材的讲究以及技术的机密性，加上现代纺织技术的冲击，使这一编织技艺一度面临失传的危险。

为了保护和传承这一珍贵的技艺，在当地政府在专业技术公司的协助下，采用了 3D 技术，将传承人在制作泽帖尔过程中的全部文化状态以及整个工艺流程，以 3D 动画的形式转化为全媒体的数字形态。这一举措对于人们更好地了解泽帖尔的制作过程、学习泽帖尔技艺，以及促进泽帖尔文化的传播产生了积极的影响。

（四）3D 扫描与重建技术在非遗发展中应用的提议

3D 扫描与重建技术在非遗领域的应用逐渐广泛，为了进一步提升其应用效果，我们需从以下三个方面进行考量：第一，要充分利用 3D 扫描与重建技术的独特优势，针对传统技艺、传统医药等非遗门类进行精准应用，像抽丝剥茧般展现非遗的奥妙与独特之处；第二，要选取那些技艺繁复且濒危的非遗项目进行试点，借助 3D 扫描与重建技术，努力让这些非遗重焕生机，再现辉煌；第三，要将 3D 扫描与重建技术与数字影音技术相融合，以数字媒体的形式全面展示非遗的全貌，为公众提供更多的接触和参与机会，从而进一步推动非遗的传承与发展。

五、动作捕捉技术在非遗发展中的应用

许多非遗项目与人的动作紧密相连，特别是舞蹈和杂技等，它们在一定程度上被视为动作的艺术形式。因此，推动动作捕捉技术在非遗领域的应用对于其发展具有深远的意义。

（一）动作捕捉技术概述

动作捕捉技术，亦被称为"动态捕捉技术"，是一种记录、分析、处理人、动物以及机器设备等动作主体的动作的技术。它在娱乐、体育、演艺、医疗、军事等多个领域都有广泛的应用。在影视制作中，动作捕捉技术通过收集真实演员的动作数据，实现三维动画的生成。这项技术能全方位、多角度、大范围地捕捉各种动作数据，因此，在人体工程学、模拟训练、游戏娱乐、生物力学、虚拟现实等领域具有巨大的实用价值。动作捕捉系统由硬件和软件两部分构成：硬件包括数据采集设备、数据传输设备、数据处理设备等；软件则涵盖系统设置、空间标定、运动捕捉、数据处理以及 3D 映射模型等功能模块。

目前，常用的动作捕捉技术主要分为机械式、声学式、电磁式、主动光学式、被动光学式、惯性导航传感器式等，它们各自具备不同的特点和适用场景。衡量这些技术的关键指标包括定位精确性、动作响应实时性、使用便捷性、抗干扰能力、软件兼容性，以及可捕捉的运动范围和多目标捕捉能力等。

动作捕捉技术在动画制作中的应用已成为一种显著的技术趋势。这主要归因于三个方面的优势：第一，动作捕捉技术可以显著提高动画制作的效率，降低制作成本；第二，它使动画制作过程更加直观，效果更加生动；第三，数字化的动作捕捉技术能够更精确地记录和还原动作，使动作的开发和应用更加科学、更具针对性。

（二）动作捕捉技术的优缺点

与传统的电脑3D动画制作技术相比，动作捕捉技术具有三大优势：第一，处理速度迅捷，几乎能达到实时效果，从而有效降低制作成本；第二，无论动作的复杂程度或时间长短如何变化，所需工作量均保持稳定，使其能够灵活适应多样化的表演风格和类型；第三，数字化的数据采集方式提供了更丰富、更高质量的数据资源，确保了处理结果的精确性。

当然，动作捕捉技术也存在一些局限性。首先，该技术依赖于专门的软硬件设备来采集和处理数据，这增加了使用的门槛。其次，软硬件的成本投入相对较高，对于个人用户来说，承担这样的投资具有一定的挑战性。再次，捕获系统对操作空间的要求较高，这限制了其在某些环境中的应用。最后，该技术无法捕捉不符合物理定律的运动，例如情绪波动等难以量化的非物质化表现。

（三）动作捕捉技术非遗发展中应用的具体例子

动作捕捉技术在非遗项目中，尤其对于以肢体动作为媒介的表演、舞蹈、技法等，具有极高的应用价值。

例如，有学者成功地将动作捕捉技术应用于《编钟乐舞》这一歌、乐、舞三者紧密结合的艺术形式中。该研究以楚史和楚文化为基石，以屈原的爱国主义精神为核心，借助曾侯乙编钟的音乐魅力，通过歌、乐、舞的综合艺术形式，全方位地展示了古代楚国的风俗民情和文化艺术。其中，涵盖了农事、祭祀、征战及宫廷生活等丰富多彩的场景，为观众带来了一场视觉与听觉的盛宴。

在木偶戏领域，动作捕捉技术同样展现出了巨大的应用潜力。有学者对此进行了深入研究，并提出了一套专门用于木偶戏数字化的技术方案。

孔庙祭祀大典作为古代儒家礼制的代表，承载着文化传承和文明延续的重要使命。邹虹等专家利用动作捕捉技术，对祀典乐舞舞蹈的舞姿进行三维空间的数据记录与提取，对舞者动作的运动轨迹进行保存处理后，再利用Maya/Motion Builder及UDK软件进行舞蹈及其环境的三维建模、动作绑定及角色动画制作[①]。这一创新性的尝试以数字化的方式再现了孔庙祀典乐舞的精髓，取得了令人瞩目的成果，为传统文化的传承与传播提供了新的思路与方法。

（四）动作捕捉技术在非遗发展中应用的提议

关于动作捕捉技术在非遗发展中的应用，我们已进行了多方面的探索。为了优化应用效果，我们需要关注以下三个方面：第一，要紧密结合动作捕捉技术的特性，优先选择传统舞蹈、传统戏剧以及传统体育、游艺与杂技等非遗项目进行实践。通过数字化技术对这些传统非遗动作进行深度剖析，为传统动作类非遗项目注入数字技术的活力。第二，我们应充分利用动作捕捉技术推动动作类非遗项目的科学化、标准化、规范化，使其顺利进入数字化发展的快车道。第三，要加强动作捕捉技术研究人员、技术开发人员和非遗传承人之间的紧密合作，共同攻克发展过程中的关键和难点问题。通过形成更科学、更高效的合作模式，为非遗的发展探索出一条新的道路。

第三节　非物质文化遗产数字化保护标准与原则

依据《国务院办公厅关于加强我国非物质文化遗产保护工作的意见》，非物质文化遗产保护工作的目标和方针是通过全社会的共同努力，逐步构建完整且具

---

① 邹虹，李莹，欧剑，等. 基于动作捕捉技术的孔庙祀典数字化[J]. 计算机系统应用，2012，21（7）：151-154.

中国特色的非遗保护体系，确保我国珍贵、濒危且具备历史、文化和科学价值的非物质文化遗产得到妥善保护，并得以持续传承与发扬。对非物质文化遗产工作指导方针是以保护为核心、抢救为先、合理利用、推动传承发展。我们应妥善处理保护与利用之间的关系，坚守非遗保护的真实性和完整性，在有效保护的基础上合理利用，避免对非遗的误解、歪曲或滥用。在科学认定的基础上，采取切实有效的措施，使非遗在全社会得到广泛认同、尊重与弘扬。工作原则方面，需要政府主导、社会参与，明确各方职责、形成强大合力；制定长远规划、分步实施，结合重点与全面，力求取得实质性突破。

一、非物质文化遗产的数字化保护标准

为了保证国家级民族文化传承与创新专业教学资源库的有效开发和普及共享，国家级民族文化传承与创新专业教学资源库资源建设应符合以下格式与技术要求标准，这里列举了项目、图片、音频、视频、电子读物等相关标准，如表2-3-1至表2-3-7所示。（各表格中属性"必选项"是指必须达到的要求，"可选项"是指建议达到的要求）。

表 2-3-1 非物质文化遗产项目采集内容与技术要求一览

关键点	要求	属性
内容	非物质文化遗产采集标准是对即将进行的"非遗"采集工作的规范和指导，从历史与文化、地域分布、制作工艺、传承人、大师作品、现代应用、文创企业等多个方面对非物质文化采集工作进行了分类和整理，有利于今后"非遗"资源的保护与查询、传承与发展	必选项
历史与文化	非物质文化遗产的历史包括两个部分：一是发展历史，二是传承历史。非物质文化遗产的文化是指形成它的文化底蕴，同时应说明它对当地文化的影响	可选项
地域分布	记录非物质文化遗产形成的地域及该地域的特征，哪些元素促成了该"非遗"的发展，如在"非遗"发展过程中产生了地域变化，也应进行记录	可选项

续表

关键点	要求	属性
制作工艺	非物质文化遗产的具体制作工艺，这一部分的内容由于"非遗"的形式不同，采集的灵活性较大，可以是记录制作工艺的古籍，可以是口口相传的诗歌、民谣，也可以是记录制作工艺的图示或标准。若记录内容在理解上存在问题，则需要进行翻译、总结、归纳，尽量用中文进行说明	可选项
传承人	非物质文化遗产传承人的信息，包括姓名、性别、年龄、认定时间、主要观点、个人事迹、近照等，在这里除了提供现任传承人的信息，还应搜集该项"非遗"传承人的历代信息，如在传承过程中有重大事件发生，应酌情记录	可选项
大师作品	非物质文化遗产传承人的信息，包括姓名、性别、年龄、认定时间、主要观点、个人事迹、近照等，在这里除了提供现任传承人的信息，还应搜集该项"非遗"传承人的历代信息，如在传承过程中有重大事件发生，应酌情记录	可选项
现代应用	历代非物质文化遗产传承人的作品，需要按年代、传承人进行归类，每个作品对应一个 DOC 格式的文档，用于记录该作品的名称、作者、荣誉、创意说明、作品所在地等相关信息。作品的记录方式可采用图片、视频等方式。图片格式为 JPG 格式，图片尺寸为 1024 像素×768 像素以上，300DPI。视频格式为 AVI 格式，视频尺寸为 720 像素×576 像素以上，音频信号应符合 GB/T 14919—1994 标准 注：由于有些图片和视频年代久远，无法达到规定要求，则以越清晰越好的原则采集	可选项
文创企业	部分非物质文化遗产项目会形成规模化生产，甚至建立"非遗"文创企业，对这些企业应记录企业名称、法人、企业规模、企业历史、网点分布、盈利模式、国内及国际影响等	可选项

表 2-3-2　图片采集格式与技术要求

关键点	要求	属性
类型	图片以系列性为主，包括全景图片、特写图片、工艺过程图片、使用环境效果图	必选项

续表

关键点	要求	属性
立体效果	包括三视图：正视图、俯视图、侧视图	可选项
注释	内容少的以命名的方式标注，内容多的附在 Word 中。图片内容与标注要相互对应，以方便使用	必选项
存储格式	使用 TIFF、JPG 格式，分辨率不低于 300DPI	必选项

表 2-3-3　音频采集格式与技术要求

关键点	要求	属性
频率	音乐类音频频率不低于 44.1kHz，语音类频率不低于 22.05kHz	必选项
编码	音频编码采用 PCM 无损编码	必选项
码率	码率不低于 64Kbps，量化位数大于 8	必选项
声音	音频播放流畅，声音清晰，噪音低，回响小	必选项
语音	语言类音频语音不失真，采用标准普通话，英语配字幕	必选项
存储格式	使用 WAV、WMA、MP3 等格式	可选项

表 2-3-4　视频采集格式与技术要求

关键点	要求	属性
分辨率	不低于 720 像素×576 像素，不高于 1920 像素×1080 像素	必选项
色彩	彩色视频素材每帧图像颜色均为真彩色	可选项
细节控制	图像清晰，播放流畅，声音清楚	必选项
字幕	字幕要使用符合国家标准的规范字，不出现繁体字、异体字（国家规定的除外）、错别字；字幕的字体、大小、色彩搭配、摆放位置、停留时间、出入屏方式力求与其他要素（画面、解说词、音乐）配合适当，不能破坏原有画面	可选项
音频	音频与视频图像有良好的同步，音频部分应符合音频素材的质量要求	必选项

续表

关键点	要求	属性
存储格式	优先选用 MP4、MOV、AVI、WMV 格式	必选项

表 2-3-5　电子读物格式与技术要求

关键点	要求	属性
内容	电子读物分类包括图文介绍，图像、文字、音视频、动画综合媒体形式展示，工艺流程演示类，电子杂志	必选项
媒体指标	个人电脑平台分别生成适用于 Windows 和 Mac 平台应用的后缀名为".exe"和".app"的应用文件，推荐编辑软件：Flash、Director、ZMaker；手持移动设备开发安卓版和苹果版的 App 程序，同时可以发布 App 商店供用户下载安装	必选项
存储格式	图像用 JPG、TIF、GIF、PNG 等格式，分辨率不低于 72 像素；音频用 WAV、MP3 等格式；视频文件用 MOV、MP4、AVI 等格式；动画用 SWF、MOV、AVI 格式；电子读物用 EXE、App 格式	必选项

表 2-3-6　作品档案格式与技术要求

关键点	要求	属性
内容	作品档案包括金属工艺品、泥塑工艺品、编结工艺品	可选项
作品介绍	相关的代表作品文字介绍（提供作者姓名、单位、创作时间、设计创作说明 200～300 字）	必选项
编整	期刊、图书，与类目相关的书籍、期刊的类别编整（分类别进行编整）	必选项
类别归纳	影像资料，相关的音频、视频、图片分类别归纳（要求视频图像清晰、声音清楚、电子图片分辨率为 300DPI，相片规格统一为 7 寸）	必选项
证书要求	奖杯证书，作品的收藏证及奖杯（原件、复印件）	必选项

表 2-3-7　演示文稿格式与技术要求

关键点	要求	属性
版本	文件制作所用的软件版本不低于 Microsoft Office 2003	必选项
格式	采用 PPT 或 PPTX 格式，不要使用 PPS 格式。如果有内嵌音频、视频或动画，则应在相应目录单独提供一份未嵌入的文件。同时提供关于最佳播放效果的软件版本说明	必选项
字体	每页版面的字数不宜太多。正文字号应不小于 24 磅，使用 Windows 系统默认字体，不要使用仿宋、细圆等过细字体，不使用特殊字体，如有特殊字体需要则应转化为图形文件	可选项
页面设计	页面设计的原则是版面内容的分布美观大方。文字要醒目，避免使用与背景色相近的字体颜色，页面行距建议为 1.2 倍，可适当增大，左右边距均匀、适当。各级标题采用不同的字体和颜色，一张幻灯片上文字颜色限定在 4 种以内，注意文字与背景色的反差	必选项
动画效果	不宜出现不必要的动画效果，不使用随机效果。动画连续，节奏合适	可选项
链接	文件内链接都采用相对链接，并确保能够正常打开；文件中链接或插入的其他素材满足本要求中关于媒体素材的技术要求；使用超级链接时，要在目标页面有"返回"按钮。鼠标移至按钮上时要求显示出该按钮的操作提示	必选项
其他说明	尽可能少用宏，播放时不要出现宏脚本提示	可选项

二、数字化保护原则

针对非物质文化遗产的数字化保护需要遵守以下原则：

（一）记录采集的真实性原则

非物质文化遗产的特性包括非物质性、传承性、无形性以及独特的地域性，这些特性体现了不同民族和种群的文化多样性。在数字化的保护过程中，必须真实地、客观地展现这些特性，遵循"最小干预原则"，以最大限度地保留其真实性。为此，文化和旅游部已设立非物质文化遗产司，并成立中国非物质文化遗产保护中心。各省级行政区、地市级行政区及县级行政区也建立了相应的工作机构，负责协调和指导本地区的非物质文化遗产保护工作。这些工作机构的任务之一是如实记录非物质文化遗产的原貌及其表现形式、结构、过程、工艺等，确保数字化的非物质文化遗产保持其原创性、特定性和排他性。例如，口头传说、社会风俗、礼仪、节庆、表演艺术以及传统手工艺技艺等，都需要进行详细的记录和保存。特别是对于非语言的声音，如鼓声、吟唱和音乐等，更需要以最高保真的数字化形式进行保存，以避免其失传和失音。

（二）保护技术的创新性原则

数字化保护非物质文化遗产的目的之一是推动人类社会的文化创新。先进的信息技术和软件技术为创新性保护非物质文化遗产提供了可行的操作平台。在保护的基础上进行创新发展，是实现文化延续性和创造力的最佳方式。我们可以运用现代数字技术，通过声、光、色、电的手段来重现非物质文化遗产的魅力。同时，我们还可以在非物质文化遗产的内容上进行丰富，从形式上进行更新，以促进其广泛传播和传承。利用三维数字设备和软件，结合光学错觉原理，我们可以将实景造型和幻影的光学成像相结合，将多种信息融入真实的生活场景中，将古老的文物（如历史的遗迹、历史事件的实物见证）放置在虚拟的、生动再现的历史氛围中，再配合声音、灯光、模型等，创造出幻影与实景相互作用的逼真效果，让人仿佛身临其境。借助先进的多媒体技术和计算机控制技术，配合采集的大量数据信息和场地支持，我们还可以对非物质文化遗产中的民间舞蹈类等大型集会进行全方位录制。这种创新性的保护方式不同于地方民俗博物馆对非物质文化遗产的传统静态保护方式，它能充分展现文化遗产的活态化，是信息收集存储向活态知识延伸的体现。

（三）参与人员的专业化原则

非物质文化遗产涉及的领域广泛，形式多样，内容丰富，横跨多个学科，具有深厚的历史背景和独特的渊源。为了确保保护和传承工作的有效进行，必须建立国家、省、市、县四级明确责任、协调运转的工作机制。各级负责，层层落实，才能保障工作的正常开展。要有效、有序地进行非物质文化遗产的保护与传承，必须依赖专业的机构和队伍。只有拥有一批具备专业素养和工作能力的从业人员，保护工作才能真正落地生根。同时，非物质文化遗产的数字化过程涉及音视频录制、图像处理、存储与显示、网络传输以及检索下载等技术，这些都需要专业的技术和设备以及专业的人才来支撑。因此，专业化的硬软件设备和人才都是不可或缺的。在非物质文化遗产的数字化保护过程中，专业化原则始终贯穿其中，是实现有效数字化保护的关键所在。

（四）知识产权保护原则

结合立法保护与政策保障，将政府主导与民间参与相结合，同时确保决策系统与咨询系统相辅相成，财政投入与民间资本共同发力，地方立法与国家法规协调统一。为了加快非物质文化遗产数字化保护的步伐，我们需要促进图书馆、档案馆、博物馆、文化馆、科技馆等公共文化服务机构之间的紧密合作。通过资源整合、集成平台建设以及联合服务等方式，我们可以构建一个全面而强大的非物质文化遗产数字化服务体系，从而极大地提升非物质文化遗产资源的数字化服务水平。地方高校图书馆在数字化保护非物质文化遗产后，这些数字资源将成为图书馆数字资源的一部分，用户可以通过网络终端随时随地进行浏览、下载、打印，获取所需的知识和信息。数字化保护非物质文化遗产的初衷是为公众提供更多、更好的公共文化产品。在此过程中，我们要关注版权、知识产权保护等问题，确保传承人的经济利益不受损害，保护产品的原生态不被随意更改，并防止产品被随意下载和进行商业性的出版和发行。在记录与传播的过程中，我们必须严格遵守相关的非物质文化遗产保护法律法规，如《中华人民共和国非物质文化遗产法》《著作权法》等，切实做好非物质文化遗产的知识产权保护工作，尽量避免其产权受到任何损害。

第四节　非物质文化遗产数字化保护手段

在非物质文化遗产的抢救与保护实践中，我国政府和各级非物质文化遗产保护工作机构始终坚守正确的保护原则与理念，积极地在实践中探索规律、积累经验，初步形成了一些具有中国特色且效果显著的保护方式。对于非物质文化遗产的保护，我们实施了整体性、综合性的保护策略，其中，活态传承被视为核心。确保其与当代生活方式和生产方式、与人类社会的发展保持同步，是我们保护工作的主要原则。此外，采用文字和影像记录、博物馆展示或作为文化资源进行开发利用等方式，都是辅助性手段。但所有方式都应建立在不损害非物质文化遗产项目，按其自身自然演变规律发展的基础之上。

一、全面调查，建立档案和数据库

要深入了解和掌握非物质文化遗产资源的种类、数量、分布情况、生存环境、保护状况及存在的问题，并构建非物质文化遗产名录体系。就要利用文字、录音录像、数字化多媒体等现代高科技手段，对非物质文化遗产进行真实、系统、全面的记录与整理，依据类别建立档案和数据库。完善非物质文化遗产代表名录体系，加强对非物质文化遗产的研究、认定、保存与传播工作。要组织各类文化单位、科研机构、大专院校及专家学者，深入探讨非物质文化遗产的理论与实践问题，注重科研成果与现代技术的结合与应用。动员各方力量，对非物质文化遗产进行科学认定，辨别真伪。经各级政府授权的相关单位可征集非物质文化遗产实物、资料，并妥善保管。采取切实措施，防止珍贵的非物质文化遗产实物和资料流失海外。同时，对非物质文化遗产的物质载体应给予保护，对已确认的文物也应遵循《中华人民共和国文物保护法》的相关规定进行保护。充分发挥各级图书馆、文化馆、博物馆、科技馆等公共文化机构的作用，并在条件允许的地方设立专题博物馆或展示中心。

二、培养专业从业人员，发挥专家作用

机构和队伍的建设对于非物质文化遗产保护工作而言至关重要。根据《国务院办公厅关于加强我国非物质文化遗产保护工作的意见》，必须发挥政府的引导作用，建立协调高效的保护工作领导机制。以文化和旅游部为核心，建立中国非物质文化遗产保护工作的部级联席会议制度，统一规划和协调非物质文化遗产保护工作。文化行政部门需要与相关部门紧密合作，形成强大的工作合力。积极吸引学术研究机构、大专院校、企事业单位、社会团体等各方力量，共同参与非物质文化遗产保护工作。充分利用专家的智慧和经验，建立非物质文化遗产保护的专家咨询机制和监督检查制度。只有确保拥有一支具备专业素养和工作能力的专业队伍，保护工作才能真正落到实处。

三、完善法律法规，提供法律保障

政府应当从行政法与民法的双重角度，制定更为详尽的法律法规，以确保非物质文化遗产保护工作得到法律层面的有力支撑。为此，政府应设立专门的管理部门，负责非物质文化遗产的普查、建档、研究、保存、传承和弘扬等工作，并提供相应的财政、行政和技术支持。随着联合国教科文组织《保护非物质文化遗产公约》的发布，全球范围内对非物质文化遗产的立法保护逐渐受到重视。多数国家选择将非物质文化遗产纳入更为广泛的文化遗产保护立法体系中。对文化遗产中物质文化遗产与非物质文化遗产的相关法律法规进行细化具有必要性，同时需要针对非物质文化遗产的数字化保护制定详细的法律法规。这些法律法规可以为非物质文化遗产的保护提供明确的指导，确保数字化保护工作符合法律标准和伦理原则，从而防止侵犯和滥用非物质文化遗产的现象发生。此外，这些法律法规还能够促进政府、社区和相关机构之间的合作与协调，为数字化保护工作提供统一的标准和规范，鼓励创新技术的应用，以确保这些宝贵的文化遗产能够被长期保存、传承和分享，让其价值得以永恒传承。

四、发挥政府的主导作用,促进资源与当地经济接轨

政府的主导作用至关重要,只有经过政府协调,才能确保对非物质文化遗产的长远规划,并建立起协调有效的保护工作领导机制,统一领导和协调非物质文化遗产保护工作。各级政府及相关部门应加大资金投入,通过政策引导等多种手段,广泛筹集资金,吸引个人、企业和社会团体的参与,可以考虑设立非物质文化遗产保护与发展基金。政府要切实加强领导,将保护工作纳入重要工作日程,与国民经济和社会发展整体规划以及文化发展纲要相结合。同时,应强化非物质文化遗产知识产权的保护,研究探索对传统文化生态保存完好且具有特殊价值的村落或特定区域进行动态整体性保护的方式。在传统文化特色鲜明、群众基础广泛的社区和乡村,可以开展创建民间传统文化之乡的活动。

此外,建设非物质文化遗产网络市场,推动非物质文化遗产产品的在线销售。同时,将民间文学、戏曲曲艺、音乐舞蹈等非物质文化遗产资源进行数字化娱乐化的创作与制作,使其融入影视、游戏、动画、表演等当代文化娱乐活动之中,以期在社会效益和经济效益上取得双赢。对于旅游地而言,要增强其非物质文化的吸引力,就必须突出其旅游资源的独特性、个性和原生态特征,使旅游者在众多旅游宣传信息中做出选择,从而为非物质文化资源的利用提供充足的人力资源支持。

五、建立教学资源库,推动传统技能和现代教育的整合

随着非物质文化遗产保护意识的增强,高校和科研院所纷纷设立相关研究中心或科研基地,深入研究非物质文化遗产的数字化保护,并大力推广其实践应用。为了构建科学、有效的非物质文化遗产传承机制,针对列入各级名录的非物质文化遗产代表作,采取命名、授予称号、表彰奖励、资助扶持等方式,鼓励传承人(团体)在高校开展传承活动。同时,注重社会教育和学校教育,确保非物质文化遗产的传承后继有人。通过系统的教育培训,提升现有人员的专业能力和业务水平,并依托科研院所和高等院校的人才与科研优势,大力培养专门人才。此外,鼓励高校利用非物质文化遗产进行传统文化教育,鼓励图书馆、文化馆、博物馆、

科技馆等公共文化机构积极传播和展示非物质文化遗产。特别是职业院校，他们正逐步将优秀的、体现民族精神与民间特色的非物质文化遗产内容纳入教材，开展教学活动，并加大数据库建设力度。通过"政校企行"合作，利用数字媒体技术，构建具有国内外先进水平的专业教学资源库，培养民族文化传承创新人才，实现民族文化传承创新人才培养与非物质文化遗产传承的对接，以及职业教育与民族文化的双向互动和协同发展，以保存、传承、传播和创新中华民族传统文化。努力拓展民族文化的终身教育和大众学习服务，普及保护知识，培养保护意识，以期在全社会形成保护非物质文化遗产的共识，营造良好的保护氛围。

非物质文化遗产作为无形且不可重复的文化现象，需要我们增强民族文化的自觉意识和危机意识。我们必须充分认识到数字化保护与传承非物质文化遗产的紧迫性和重要性。通过信息技术、数字技术和艺术手段的综合运用，采取有效措施，抢救和保护那些处于弱势的非物质文化遗产，使其焕发新的生机与活力。

第三章　非物质文化遗产数字化保护机制的实现

本章为非物质文化遗产数字化保护机制的实现，主要阐述非物质文化遗产数字化保护机制的建立、非物质文化遗产数字化保护机制的实现措施、非物质文化遗产数字化保护机制的实现保障和非物质文化遗产数字化保护的提议四方面的内容。

第一节　非物质文化遗产数字化保护机制的建立

一、非物质文化遗产数字化保护机制的构建原则

设计保护机制牵扯两个因素，即机制的实际功能和机制的事务流程。其中，机制的实际功能是针对非物质文化遗产的数字化保护机制，是非物质文化遗产数字化保护工作中总体的规划，而机制的事务流程则是针对系统所处置的管理事务的相关规定。

针对非物质文化遗产数字化保护的体制来说，技术及人才的创新管理及制度的创新是当前这一领域内对创新造成影响的重要因素。这些创新因素的发展与运用，能够使非物质文化遗产的数字化保护工作更加高效开展。数字化非物质文化遗产的保护工作机制，在构建上需要遵循以下四个原则：

（一）规范化保护原则

通过长时间的探索，我国积累了很多视频音频以及文字等多种格式的非物质

文化遗产数字化信息内容。但由于标准操作流程和设备等因素，使得数字信息存在不兼容的情形。为了更好地规避这一现象，提高非物质文化遗产信息的原始性和准确性，提高资源的活态性，应当积极研究应用元数据的相关理论和成果，并加强与档案学的紧密联系，对数字信息进行有效收集、汇总和整理，并针对性地提出有效意见，从而提高非物质文化遗产数字化保护的效果和质量，最大限度避免人为因素影响，提高数字化保护质量。

（二）平台化保护原则

当前，我国的非物质文化遗产数字化保护工作已经初具发展规模，具有系统性、科学性及规范性的特点。还应当基于兼容性及开放性的属性和条件，构建科学、合理的保护平台，明确保护方式、标准、规范等，从而为数字化保护机制的实现和落实奠定良好基础，以确保非物质文化遗产的数字化保护机制能够在各部分之间顺利地开展与对接。

（三）集成化保护原则

随着当前我国经济的快速发展，需要全新的保护理念和技术来对非物质文化遗产的数字化保护机制当前所面临的问题进行解决。但是针对现状进行分析，现有的研究还较为局限，只针对本专业的领域，对非物质文化遗产数字化应用的研究较少。因此，应该以档案学中一些成熟的理论作为基础，把研究的方向放大，确立非物质文化遗产的文化系统及结构和价值所在，结合当前全球的数字化应用发展趋势，将集成虚拟现实及数据管理和分发等高技术内容创新，在非物质文化遗产数字化保护机制中实现良好的应用，为确保目标得以实现，最终建立起具有我国非物质文化遗产特征的集成技术标准及工作流程。

（四）社会化保护原则

当前，人们的精神文化需求正在不断增长，传统的非物质文化遗产的数字化保护方式已经不能满足人们的精神文化需求，因此需要不断对文化资源保护技术进行创新，提高对其的生产性保护，更好地彰显其经济价值和社会价值。在对其保护工作中，要与文物、民族、宗教等各种非物质文化遗产的实际情况进行结合，针对非物质文化遗产多样性及个性的发展方向，构建出符合当前社会需求的非物质文化遗产数字化保护机制的集成示范项目，从而促进社会各界通过文化馆、博物馆等场所，更好地了解关于其的数字化保护发展进度和成果。

二、非物质文化遗产数字化保护机制的结构模型

非物质文化遗产的数字化保护是文化遗产学中的重要构成，应该站在文化科技发展的设计高度上，把技术创新、管理创新、制度创新和体系创新作为当前非物质文化遗产数字化工作开展的基础，并且运用较为成熟的创新集群理论，不断地使非物质文化遗产的数字化保护机制得以发展，从而促进非物质文化遗产保护机制和数字化技术能够良好地融合，形成一个具有非物质文化遗产数字化保护机制的结构模型。

（一）实现基础是技术创新

非物质文化遗产的数字化保护的技术创新工作，是通过将科学研究过程中所采取的技术及社会在不断发展中积累出的经验与技能，结合实际需求对技术进行有效改进和优化完善的过程。在数字化保护中，对技术进行创新要充分基于我国的实际情况，基于非物质文化遗产的实际情况，以需求为动力，以非物质文化遗产的传承和发展的技术为平台，最终实现非物质文化遗产数字化的保护工作与技术创新应用共同发展，最大限度地在不改变原生环境的背景下，使非物质文化遗产的发展与传承不受干扰。

（二）推进手段是管理创新

非物质文化遗产数字化保护机制下的管理创新，是通过对计划的运用，及相关的组织领导者发挥出自身的管理职能，不断对各种管理技术及方法进行创新，使非物质文化遗产数字化保护机制中的人力、物力、财力以及信息资源能够共同配合，确保非物质文化遗产数字化保护机制内的文化与科技不断融合。这种具有

创造力的融合能够使更多的管理要素得到创新,并且实现了对组织机构及人力资源的配合,将文化知识逐渐转变为创造性思维,最终使其成为非物质文化遗产档案的保护技术和方法,让非物质文化遗产数字化保护机制的社会价值及经济价值得以体现。

(三)实践保障是制度创新

非物质文化遗产数字化保护的机制,是通过对制度的创新来对创新行为及融合关系的规则进行改变,也是非物质文化遗产数字化保护事业及其外部的生态环境之间相互关系的变化。这种变化既需要不断地创新出优质的研究环境,也要不断地完善自主创新的综合服务体系,使执行过程中能够根据已经出台的政策,不断地对政策措施进行制定与完善,激发人们的创新力,促进新技术与资源不断创新和合理配置,最终确保非物质文化遗产的数字化保护事业能够均衡发展。

(四)根本支撑是体制创新

非物质文化遗产的体制创新是文化与科技的结合,是非物质文化遗产数字化保护机制形成的重要因素,它不仅是非物质文化遗产保护在文化领域内的资源整合及成果体现,也是对一些更重要、更深层次的问题进行解决的基础。因此,体制创新要在我国非物质文化遗产数字化保护的基础上,不断运用社会各界的力量,在推动非物质文化遗产数字化保护过程中,能够创新工作方式,激发主体活力,形成良好的政策环境及激励机制,最终形成一个鼓励创新的社会环境。

第二节 非物质文化遗产数字化保护机制的实现措施

非物质文化遗产的数字化保护机制的原动力将非物质文化遗产数字保护中的市场需求、行政管理和科学发展良好地结合在一起,形成一个互惠互利的有机整体,从而推动我国整体的非物质文化遗产的数字化保护事业向深层次发展。

第三章 非物质文化遗产数字化保护机制的实现

一、非物质文化遗产数字化保护机制实现的管理措施

(一)将文化行政管理部门作为主管部门

1. 文化行政管理部门主管的内涵

文化行政管理部门主管的内容主要有行政的强度及行政的能力两个方面。行政强度是指文化行政部门自身的权力密度及组织强度,行政能力指的是社会技能及社会的需求统一发展而形成的一套体系,通过对社会经济及文化和习惯等方面开展措施,实现对社会的调整及管理,这是一种综合的机制。在社会运行及管理上,文化行政管理部门的作用主要就是对非物质文化遗产进行完全的管理,使其能够实现社会公共价值,在确保非物质文化遗产数字化保护工作能够正常开展的环境下,再为非物质文化遗产的数字化保护工作构建出良好的环境。

文化行政管理部门主管的方式主要表现在对非物质文化遗产数字化保护环境的使用方式上,也就是采取强制措施或者柔性措施来实现对目标的管理,从而促进非物质文化遗产的数字化保护环境不断升级。首先是以柔性间接的方式开展,文化行政管理部门对非物质文化遗产数字化保护开展引导工作,通过自身的各种行政方式及经济方式来推动非物质文化遗产数字化保护,向实际开展保护工作的文化行政管理部门目标制定的方向发展。其次是采取强制措施的方式,也就是文化行政管理部门要根据自身的权力范围及职责所在,制定出各项措施,在文化行政政策上不断地动员社会的各种力量,实现非物质文化遗产管理的整体目标。在实施政策理念上分析,强制措施是文化行政部门发展非物质文化遗产数字化保护政策的长效措施,能够使我国的非物质文化遗产数字化保护工作的发展空间更加广阔。

2. 文化行政管理部门主管的关键要素

文化行政管理部门自身需要具有一定的需求及环境。从需求上分析,文化行政管理部门要根据非物质文化遗产数字化保护的实际需求,对自身的工作提出客观的要求。从环境上看,文化行政管理部门是国家对非物质文化遗产实际管理工作的工具,以特定的目标及政治角色为内容,民间力量无法取代。文化行政管理

部门要明确自身的政治角色及行政地位,在我国的非物质文化遗产数字化保护事业中起到绝对的支配作用,并且要不断地促进基础的改革和创新。文化行政管理部门的主要工作内容,要从意识、资源和能力三个方向来分析。

(二)将科技管理部门作为主导部门

1.科技管理部门主导的内涵

通过对人类历史的分析发现,社会生产力的发展主要取决于两个因素,人类生产需求的不断增长和科学技术的发展。从1985年的四次指导思想的改革与创新,到非物质文化遗产的数字化保护工作的新时期,我国的科技事业步入了一个新的发展阶段。

科技管理部门的主导主要是在经济手段、法律手段和政治手段等系统方式的使用上,并且不断地完善自身的主导能力,对非物质文化遗产科技的创新进行鼓励,最终营造出良好的非物质文化遗产的研究环境,使社会各界的科技创新积极性得以调动,最终促进我国的非物质文化遗产数字化保护科技创新整体发展。

2.科技管理部门主导的原因

非物质文化遗产的数字化保护工作具有较为明显的公共性特征,这一特征也表明在创新的时候有可能发生研发失灵的情况。这一问题的出现会直接导致社会主体的创新积极性变弱,并且对全社会的科技资源配置产生影响。由此可见,科技管理部门的主导对于我国的非物质文化遗产数字化保护机制的整体发展具有重要的作用,主要体现在以下方面:

(1)公共产品性

根据公共经济学的理论可知,公共产品是一种能够使他人的成本降低,并且无法不与他人共享的特殊产品,比如公共设施、科学教育及环境保护等。产品生产完成之后,生产者是不能直接决定其最终的归宿及实际分配方式的,这会使社会公共产品的生产成本不断增加,愿意提供公共产品的人越来越少。因为非物质文化遗产的科技创新,不同程度地具有公共产品的性质,并且在研发及实验的时候都需要大量的资金投入。在不能得到回报的情况下,一些非物质文化遗产的创新主体就会通过技术引进的模式，发展非自主创新的现有非物质文化遗产的数字化保护科技力量，当非物质文化遗产创新主体都用这种方式的时候，就会使非物质文化遗产的科技创新停止。因此，在遇到这一类创新问题的时候，需要协调社会与非物质文化遗产创新主体之间的实际利益关系，科技管理部门的主导作用是十分重要的。

（2）创新外部性

非物质文化遗产科技创新的外部性，是指企业或者个人在进行非物质文化遗产的数字化保护科研的时候，被他人强行增加的利益或者成本。站在经济学的角度分析，创新的外部性虽然能够在现代的市场机制中独行，但是不能单一运用现代的市场机制进行消除。在实际状况下，通常要通过行政管理的方式进行纠正。在文化与科技的融合环境下，非物质文化遗产的科技创新所表现出来的外部性主要体现于溢出效应，也就是说非物质文化遗产的创新主体在研究开发的时候，是为了能够获得非物质文化遗产实际科技创新的成果，并且把它转化成生产力。但是科技的创新成果是具有公共产品性质的，所以科技的创新成果不是全都由非物质文化遗产创新的主体所占有。因为科技创新溢出效应的存在，所以在非物质文化遗产的科技创新的相关问题上，能够通过降低非物质文化遗产实际的开发费用，提升非物质文化遗产数字化保护工作的整体社会化水平。从另一个方面来分析，因为创新工作不能使非物质文化遗产的数字化保护主体获得实际的经济和社会效益，并且随着时间的推移，收益还会下降，导致创新主体的积极性降低，使整体社会的福利与效率都降低。所以需要通过科技管理部门对非物质文化遗产的科技创新中的负面效应进行整改，确保非物质文化遗产的科技创新能够实现可持续的发展与收益。

（3）创新不确定性

非物质文化遗产的科技创新是一个很复杂的过程，其中的不确定性主要体现在技术、市场和收益环境上。其中，技术的不确定性主要是在非物质文化遗产的创新技术开发过程中，可能会出现失败，及对工艺的保护开发失败造成的技术效果的不确定性，从而导致非物质文化遗产的创新结果不能预知。市场的不确定性是指非物质文化遗产的数字保护技术创新需要不断地通过实践的验证，并且要确保其能够满足成本和效果实际的需求，但是非物质文化遗产数字化保护创新的主体，对实际创新内容在市场上的前景难以把控。收益的不确定性是溢出效应产生的影响，创新的主体不能对实际的成果收益及产权进行支配，并且对今后可能发生的情况，也没有办法预测。环境的不确定性是因为非物质文化遗产创新技术实际的环境主要是与人们的喜好有关的，而人们的喜好存在着很大的不确定因素，就会导致非物质文化遗产科技创新的发展方向受到强烈的影响，进而使非物质文化遗产的科技创新具有不确定性。

由此可见，非物质文化遗产科技创新中的不确定性，会导致非物质文化遗产的科技创新风险较高，并且会严重影响到非物质文化遗产的创新主体，以及一些私人机构所承担的非物质文化遗产科技创新的工作积极性。此外，这种不确定性还会导致社会对非物质文化遗产科技创新的资源分配不合理，当非物质文化遗产科技创新的成果转化的时候，会极大地延长整体的进程。因此，需要科技管理部门从社会生产力等各个发展的方向，对科技创新的风险进行降低，促进整体科技创新活动的开展，并且对非物质文化遗产科技创新活动进行更新，缩短非物质文化遗产科技创新的时间。

3.科技管理部门主导的职能

为了促进科技创新更加全面开展，需要建立一套较为有效的运行机制，在科技管理部门的推动下，激发出部门对科技创新工作开展的积极性，使非物质文化遗产的创新能够快速实现。为了促进上述目标的达成，科技管理部门要综合地对市场经济的计划手段进行调控，要充分发挥工作中的优势，根据实际行政管理的原则，及市场经济的发展走向和非物质文化遗产的数字化保护要求，找准自身的发展定位，克服市场中存在的问题和影响，避免出现过度行政的行为。所以，当前科技管理部门的主要职能就是对市场失灵及政府失灵的情况进行克服和纠正。

（1）克服市场失灵

综合分析，当前我国的非物质文化遗产科技创新出现市场失灵的主要原因有两个：一方面是市场机制没有发挥出其在非物质文化遗产科技资源配置中的用途；另一方面是因为市场自身存在的问题，导致非物质文化遗产科技创新的社会性和不确定性。克服市场失灵的主要方式如下：

①调和公共产品与私人产品之间的矛盾

在科技管理部门的主导下，对非物质文化遗产科技创新的过程进行科学的安排与规划。对于公共区域的非物质文化遗产的科技创新管理部门，要对其进行资金帮助，以确保社会供给满足需要。对公共产品及私人产品的混合产品，科技管理部门要对成果进行鉴别，并且运用知识产权对综合利益进行保护。针对私人产品领域及私人的价值而言，科技管理部门要创造出良好的非物质文化遗产科技创新的环境，通过法律法规的制定使市场的秩序正常进行，从而使各个非物质文化遗产创新主体能够在更加公平的环境下展开竞争。

②推动创新成果由外部性向内部性转化

首先，科技管理部门需要给非物质文化遗产的创新主体提供知识产权的保护，通过行政及其他方式对非物质文化遗产创新的成果归属、后续的利用和收益问题进行规范，在确保主体收益的同时还要考虑非物质文化遗产科技创新的社会收益，让人们逐步感受到非物质文化遗产科技创新带来的好处，通过制定法律法规，使科技创新的溢出效应控制在自身的产权关系中。除此之外，科技部门还可以通过各种行政手段，比如经济支持、政策引导等措施，把市场的需求作为根本来吸引更多外部投资者，对非物质文化遗产的科技创新投入资金，使非物质文化遗产的企业创新能够得到强化。其次，通过学校与研究机构和事业单位之间的合作，使双方以共赢为基础，形成对资源的优势互补的合作模式。在实际运行时，对双方的行为进行明确的规定，以确保各方在非物质文化遗产科技创新的过程中能够各司其职，明确自身的责任与权利，实现科技创新外部性的内部化。

③逐步缓解科技创新的不确定性与高风险

科技管理部门需要对国内外实际的发展形势进行掌握，在此基础上对非物质文化遗产科技创新的方向进行分析与把控，大力推动风险投资资金在非物质文化遗产科技创新领域中的发展，使政府投资能够与民间投资结合在一起，对多方的资源进行整合，不断促进社会各方面都能参与到非物质文化遗产的科技创新中，使非物质文化遗产科技创新中的不确定性降低，使非物质文化遗产科学技术的风险得以控制。

（2）发挥市场机制作用与建立国家创新体系

从市场机制配置资源的作用分析，科技管理部门可以通过对非物质文化遗产科技创新的主导调节，减少行政干预，加强对经济的引导，使政策引导能够在财政政策、货币政策等经济手段中得以运用，通过市场机制或者利益的驱动机制实现政府自身的政策目标，使科技管理部门能够从直接干预变成间接干预，从干预行为转化为干预质量。另外，科技管理部门在自身的建设中，也要通过竞争机制的运用，使公共产品类的非物质文化遗产科技创新工作，能够让社会中的企业或者个人进行承担，从而使科技管理部门从唯一的公共产品生产者转化为公共产品的协调者。这一角色的转变不仅能够促进科技管理部门自身工作质量的提升，还能够大幅度降低政府对非物质文化遗产科技创新的投入资金。

国家创新体系是指社会和国家或者机构之间的内部关系，通过共同作用以创新为目标开展的网络体系，这个体系能够推动整体要素、经济和科技知识的发展。通过创新体系的建设，能够高效地对全社会的科技资源进行合理的配置与转化，从而促进非物质文化遗产科技创新在理论与实践之间的结合。首先，这种创新体系通过对市场主体的强调，使其能够在非物质文化遗产科技创新中的主体地位得以凸显，避免因科技管理部门的过度干预或者错误干预，对非物质文化遗产科技创新活动造成问题。其次，这种创新的体系通过对非物质文化遗产科技活动的创新开展，把政府、大学和研究机构等一些非物质文化遗产创新的主体合理地结合，成为一个非物质文化遗产的产业链，在产业链中各非物质文化遗产创新主体能够为共同的目标而相互帮助，优势互补，能够最大限度地防止非物质文化遗产创新的外部性出现，有效地推动非物质文化遗产科技创新的不断发展。

（三）将高新技术企业作为主体

把企业作为研发的主体，以市场的需求为根本，逐渐成立以生产学习、研究、开发和引进为一体的研发系统，从而不断地推进企事业单位实际的科研力量和技术进步，并且带来一定的效益。这一政策的提出表明在完善科学基础的文化与科技融合环境下，非物质文化遗产数字化保护机制的过程中，要对高新技术企业在实际非物质文化遗产保护机制中的重要作用加以重视，并且从根本上对研发的环节进行改变，避免出现脱离与分离的现象，有助于我国非物质文化遗产保护的科技化发展与数字化保护能够更加高效运用。高新技术企业是文化与科技融合背景下非物质文化遗产数字化保护机制的主要构成，主要的内涵表现有以下四个方面：

1. 非物质文化遗产数字化保护的实施主体

在保护机制中，非物质文化遗产的实践主体和相应的活动保护是存在一定关联性的。在非物质文化遗产数字化保护机制实际的实施过程中，包含政府、企业、协会及院校等多个社会组织及角色，他们都是从各个层面参与到非物质文化遗产数字化保护机制运行过程中的。高新技术企业主要的工作方向，就是对非物质文化遗产数字化保护的各个环节开展分析与对比，从而找出最容易解决和最容易营利的部分，再加以重点关注，通过资金的投入和人力的投入，使非物质文化遗产数字化保护的各种需求得以满足，最终为非物质文化遗产数字化保护提供专业化的服务。

由此可见，高新技术企业是非物质文化遗产数字化保护过程中的主要实施方。但因非物质文化遗产数字化保护工作是一个较为创新的工作，且具有较高的市场风险投资要求，所以在针对一些关键性的研究时，文化行政部门需要对其过程合理地安排与调控，不能完全交由市场进行处理。高新技术企业由于利润回报、人力资源等限制，没法完全成为文化和科技融合之下的非物质文化遗产数字保护机制的实施主体，在现阶段，这一领域的主体，依旧是政府和高校等科研机构。所以非物质文化遗产的数字化保护机制的实施主体，在本书中指的是某些从事重大研究性项目或者公益性项目之外的高新技术企业。高新技术企业成为非物质文化遗产数字化保护机制中的实施主体，不但是我国当前经济体制改革的结果，也是非物质文化遗产数字化保护科技化、现代化实际发展的要求，更是高新技术企业为了应对市场环境的选择。所以在当前文化与科技融合的环境下，非物质文化遗产的数字化保护工作的基础性研究及公益性研究，一定要坚持以非物质文化遗产数字化保护为根本需求，通过行政管理及市场运作的实施方式，实现引导与激励政策，使企业能够更加主动地参与和支持。

2. 体制改革的发展结果

非物质文化遗产数字化保护是一种创新的行为，也是一种社会行为，更是一种文化与科技合体的社会活动。现阶段，我国的非物质文化遗产数字化保护的研究工作和实施工作主要是通过科研院校来开展的，非物质文化遗产的科技创新也要通过政府的投入及管理来开展工作，各类企事业单位只能作为实施方，而无法调动起企业单位对非物质文化遗产数字化保护工作的积极性，也就是企业在参与非物质文化遗产数字化保护工作的过程中，完全要通过政府的命令来实施行动。这种工作机制在一定程度上直接影响非物质文化遗产保护工作开展的效果和质量，也影响研究与数字化保护之间的衔接连续性和流畅性，影响成果的展现。在当前全面推进体制改革的环境下，中央要求文化与科技进行结合，这种方式对非物质文化遗产的保护工作来说，提出了以下几种新的要求：首先，非物质文化遗产数字化保护的实施主体，需要对非物质文化遗产数字化保护的需求保持适度的了解，并且要根据市场实际的情况而选择正确的方向，确保能够获取效益，使工作有序开展；其次，非物质文化遗产数字化保护工作的实施主体，需要自身具有开发与营销的能力，从而保证非物质文化遗产的研发成果能够顺利地转化，并且确保能够长期运用；最后，非物质文化遗产数字化保护的实施主体需要具有一定的资金能力和金融能力，能够在不完全依靠于国家资金支持的前提下，确保非物质文化遗产的研发投入，并且要承担文化与金融融合的过程中存在的风险。

3. 市场竞争的迫切要求

在当前的经济全球化时代，国际竞争已经变得十分激烈，经济实力的竞争也十分明显，经济实力来源于市场经济的发展以及科学技术的进步，因此不断地对社会主义的市场经济进行发展，完善体制结构，推动科学技术的发展都是使文化和科技能够更好融合的重要保障。

通过对高新技术企业在市场经济中的主体地位的分析，能够发现创新和社会的需求之间需要不断地满足与推进。只有首先确定高新技术企业在非物质文化遗产数字化保护中的实施主体地位，才能够充分地使我国的高新技术企业发挥出自身的优势，将文化与科技更好地融合在一起，从而在非物质文化遗产数字化的保护领域具有良好的竞争能力。

4.企业发展的现实选择

改革开放以来，我国已经逐渐形成了具有中国特色的市场经济体制，将企业作为主导，在市场竞争中已经成为我国社会经济的一种常态现象。在针对非物质文化遗产的保护上，高新技术企业为了能够在当前的全球环境中获得自身的技术优势，节约成本，且得到成果，就需要不断地对非物质文化遗产数字化保护需求的新产品和服务进行创新，要加强对非物质文化遗产数字化保护应用的热点开发，确立好发展方向。高新技术企业需要不断地将文化与科技进行融合，确保自身在非物质文化遗产数字化保护机制中始终拥有主体地位。

二、非物质文化遗产数字化保护机制实现的制度措施

科学、有效的制度是确保非物质文化遗产数字化保护机制能够实施的基础。从当前我国的管理学发展方向来分析，管理制度的创新、体制的创新和科技的创新是当前对机制进行建设的重要因素。下文对这三个制度的创新内涵及实现方式进行分析：

（一）将管理制度创新作为基础

1.非物质文化遗产管理制度创新概念的界定

（1）创新的界定

1912年，在专著《经济发展理论》中，提出创新是一个属于经济范畴的理念，并且分析了创新在实际社会经济发展中的作用。熊彼特提出的创新理论是在经济学领域的基础上围绕企业经营的理念，此后中外的大多数学者都从各自研究的领域开展，对创新的理念进行了延伸，更加全面地诠释。其中，克里斯托夫·弗里

曼提出了国家创新的系统理论，他认为创新是一个涉及多个领域及行业、较为复杂的整体集合系统，并且为制度创新的社会活动提供了信息，实现了组织创新的规则，及激励发展的方式与作用。德鲁克针对管理学也提出了对创新的定义，认为创新是由技术创新和社会创新构成的，技术创新是指新的发明及新的发现在实际社会中的应用，而社会创新是从管理的角度出发，对结构和体制等内容进行调整与优化，实现效率的最高程度与资源配置更优化。

（2）非物质文化遗产管理制度创新的界定

分析非物质文化遗产数字化保护机制的实现，需要通过政府管理部门，也就是文化行政管理部门全程进行管理。在当前的文化与科技结合的环境下，非物质文化遗产的管理制度创新，根本上就是对各级文化行政部门的实际管理方式创新。因为文化行政管理部门属于政府的机构，所以文化行政管理部门的管理制度创新，也可以说是政府的管理制度创新在文化管理中的体现。现阶段，政府管理制度的创新是一个还没有完全开发的领域，有的学者对文化行政管理部门的管理制度创新进行了定义，学术界已经开始针对这一内容进行探讨。

结合非物质文化遗产数字化保护机制的内涵，以及依据学者对政府管理制度创新的模式进行的界定，本书以为，文化与科技的结合环境下的非物质文化遗产管理制度的创新，本质上就是对非物质文化遗产数字化保护工作中，不同的文化行政管理部门针对文化部门的实际管理方式、文化行业的模式及理念进行改革与创新。

2. 非物质文化遗产管理制度创新的原则和目标

（1）管理制度创新的原则

①规范性原则

在政府治理的范围中，创造性与规范性是一个相生的概念，只有把这二者进行融合才能够更好地适应社会的变化及政府职能的转化。所以在制度内开展规范化的管理工作，也是当前文化行政部门实施非物质文化遗产管理制度创新的根本，它能够使文化行政管理部门在非物质文化遗产管理制度创新的过程中，将涉及的一些问题进行集合。通过上述的标准及流程形成一个解决问题的方式，对非物质文化遗产管理进行全程的监控与反馈，以确保我国的数字化保护机制得以实施。

②系统性原则

单一地从非物质文化遗产数字化保护的机制来分析，主要的规则是我国的非物质文化遗产资源的决策制度、监督和人员制度等等。从观念上看，这些制度能够有效地推进管理制度的创新，并且能够对上述思想进行落实。但是因为我国的非物质文化遗产的数量较多，并且分布的区域很广，文化差异较大，所以我国的文化行政管理部门就不能用一种模式对全国的非物质文化遗产进行保护。文化行政管理部门需要将点、线、面进行融合，把内部的非物质文化遗产管理制度创新进行统筹，针对不同地区的实际情况，对全国非物质文化遗产数字化保护的现状做一个评估。

③有效性原则

从文化行政管理部门对非物质文化遗产管理的实践分析，主导的权利、合法性、管理的职能完善性及决策行为的科学性和保护主体的多元性等等，都是当前文化行政管理部门对非物质文化遗产数字化保护工作产生影响的重要因素。文化行政管理部门需要充分考量非物质文化遗产数字化保护工作中的投入与产出关系，以确保非物质文化遗产数字化保护工作的有效开展。

④先进性原则

在当前文化朝着全球化发展的阶段，我国的文化行政管理部门要以开放的姿态吸引更多的社会力量进行参与，加强与国内外的沟通和交流，学习先进经验，掌握数字化保护的有效措施，结合我国实际情况，在加强数字化保护的工作开展过程中有针对性和目的性地应用，从而确保我国非物质文化遗产保护工作能够不断地在当前世界大环境中得以发展。

文化行政管理部门在非物质文化遗产管理制度创新的时候，要坚持先进性的原则，对国内外的非物质文化遗产数字化保护事业的相关内容与知识进行了解，避免管理损失，使实际的管理效能得以提升。

（2）管理制度创新的目标

①推行法治化管理

文化行政管理部门的法治化管理基本的目标有：第一，在我国法律和专门的权力限制之下，针对我国非物质文化遗产数字化保护的现实，需要在文化行政部门中开展科学化的行政程序；第二，构建完善的非物质文化遗产的法律法规及规章制度，确保法律规章制度能够合理运用，形成工作方式的统一；第三，文化行政部门的行政命令及管理的方式，不能违背非物质文化遗产相关的法律条规；第四，文化行政部门开展的工作需要管辖的机构、团体和个人，按照法律法规的要求，对非物质文化遗产数字化保护工作行使自身应有的管理权。

②实施民主集中管理

民主集中制是国家政治管理的基本原则。实际操作上，文化行政管理部门的民主集中管理需要通过科学的制度，使社会的人们能够以民主的方式平等地参与到非物质文化遗产的数字化保护工作中，并且通过法定的程序来确保工作的过程更加公开与公正。文化行政管理部门开展集中管理的主要目标有：第一，公民参与非物质文化遗产数字化保护的民主决策权；第二，文化行政管理部门要向公众提供更加规范及制度化的参与模式和渠道；第三，在文化行政管理部门制定非物质文化遗产的实施政策的时候，需要依法确保在保密活动之外，对一些行政活动和政务信息、会议信息等内容按照规定公开。

③实现社会多方合作

逐步缩小行政的管辖范围，放开行政的审批权限，及构建出更加专业化的政府服务，一直都是我国在政治体制改革中的重要方向。政府和社会的合作简单来说，就是从政治协商、共同管理的角度出发，把一部分社会管理职能分担给除了政府之外的其他社会团体或者组织，从而实现对社会事务的共同管理，以确保政府工作效率的提高。

文化行政管理部门在社会多方合作的时候，基本的内容有：第一，合作对象的平等性。社会的多方合作，实际上是指社会多方共同地开展合作，其中包括文化行政管理部门、社会上的其他社会组织和公益组织之间的合作，也包括各类政党及机构之间的合作；第二，合作内容的多元化。因为在社会合作中讲究的是平等原则，所以在此基础上工作开展应该具有包容性，既包括国内外的组织横向跨组织的联合，也包括国内不同部门的联合；第三，合作的稳固性。合作的根本原则是为了谋求稳定发展，所以合作的时间应该保持长期性，并且要在实际的规范上进行合作。

3.非物质文化遗产管理制度创新的路径

文化行政管理部门的管理制度创新是一个较为系统的工程，其中牵扯着部门管理的不同区域及层次，需要全面地对设计进行考虑，以统筹的目光落实工作。从我国非物质文化遗产数字化保护机制的运转情况来看，我国的文化行政管理部门对非物质文化遗产管理制度创新的主要路径有以下几种：

（1）依法管理

①明确行政管理主体

文化行政管理部门是我国非物质文化遗产数字化保护事业的行政主管部门，针对各类非物质文化遗产的法律法规、规章制度进行制定和执行。由于其自身具有的特殊地位，文化行政管理部门要不断加强对规范的建设，依法行政。文化行政管理部门在工作开展中，需要按照国家的相关法律规定，在非物质文化遗产管理的领域及场合，合理地对自身的行政权力进行使用，而不能单纯地依靠自身的经验进行管理。在实际工作中，要做到有法可依，有法必依，违法必究。同时，对各级、各类的文化行政管理机构的合法性进行有效的甄别和判断，以确保一定的载体要定期向社会公布。

②合理分解管理职权

因为我国的非物质文化遗产数字化的保护对象繁多，并且分布较广，所以文化行政管理部门需要按照实际行政管理的原则，把非物质文化遗产的管理工作逐级分布，并且逐步推进，这样才能保证全范围地对非物质文化遗产的管理权进行把握，确保非物质文化遗产的监督权和执法权得以实现。对我国的文化行政管理部门的执法权分解，需要注意以下方面：划定管理边界。管理边界的明确是各级文化行政管理部门依法行政的根本，为了避免出现边界不明、执法过于随意的问题，需要按照当前社会的权力法定原则，并且根据实际我国非物质文化遗产数字化保护的需求，逐步列出文化行政管理部门的权力所在，让管理主体及对象都能够认知管理的边界和限定，这样既能够使文化行政管理部门的管理意识得到提升，并且有利于监管方的监管工作开展。在对文化行政的权责进行分解的时候，为了能够促使我国非物质文化遗产数字化保护的监管效率得以提升，需要尽可能地减少层次，并且要兼顾管理的幅度。在双方配合的情况下，避免在文化行政管理系统中出现一些管理岗位和机构之间的权责重叠。要充分发挥出政府机构在实际职能组织中的作用，保持统一指挥的前提，并且不断地开拓其他的综合职能，发挥出管理职能的整体成效。

③规范行政管理行为

第一，防止行政不作为。《中华人民共和国行政诉讼法》第2条规定："公民、法人或者其他组织认为行政机关和行政机关工作人员的行政行为侵犯其合法权益，有权依照本法向人民法院提起诉讼。"[1] 第12条规定："人民法院受理公民、法人或者其他组织提起的下列诉讼。"[2] 在法律条文中明确规定了文化行政管理部门需要对行政不作为承担法律责任。行政不作为包括具体和抽象行政不作为两种。具体行政不作为是指文化行政管理部门在接受了委托的情况下，对非物质文化遗产开展行政管理工作，但是没有履行自身的行政义务的情况。抽象行政不作为是指我国的各级文化行政管理部门，在对非物质文化遗产开展行政管理的工作中，没有对非物质文化遗产进行适合普遍含义及规则的管理工作。第二，规范裁量行为。非物质文化遗产的数字保护工作，在各地的保护环境基础上具有自身的特征，所以非物质文化遗产数字化的保护工作应因地制宜。首先，对非物质文化遗产的保护工作要有一个整体的安排，并且在自由裁量过程中要对可能出现的问题做一些规定。其次，各级文化行政管理部门要根据实际的工作内容，建立起完善的自

---

[1] 中国民主法制出版社.中华人民共和国行政处罚法中华人民共和国行政许可法中华人民共和国行政强制法中华人民共和国行政复议法中华人民共和国行政诉讼法 最新修订本[M]. 北京：中国民主法制出版社，2021.

[2] 同①.

由裁量基准的管理制度，对自由裁量的行为进行指导和优化，从而确保行为能够因地制宜，符合非物质文化遗产数字化保护的时代需求。最后，遵从法定程序。法定程序是指行政执法机关在执法的时候，根据法律所规定的形式及内容开展工作，它也是检验行政行为是否符合法律规定的标准之一。

（2）民主管理

①完善民主决策

非物质文化遗产保护的民主决策是为了使非物质文化遗产数字化保护的决策更加规范。第一，完善听证制度。随着我国非物质文化遗产数字化保护工作的不断开展，社会各界与非物质文化遗产之间的关系也在逐渐拉近，同时在非物质文化遗产数字化保护工作的过程中，社会人民不仅是受到管理的对象，更是文化行政管理部门行政权力行使的实际承担者及实施者。为了确保人们对非物质文化遗产数字化保护工作的激情，文化行政管理部门要不断地对非物质文化遗产保护的听证会制度进行完善，以推动听证制度的发展。第二，建立社会参与制度。社会民众参与到非物质文化遗产数字化保护之中，能够有效地推动文化行政部门的工作，以确保在社会各方的利益都得以保障的前提下，实现非物质文化遗产实际决策中的民主化、公开化及制度化。第三，建立民意调查制度。文化行政管理部门在对非物质文化遗产进行管理决策的时候，要首先针对项目内容开展民意调查，一方面能够获得人们的支持和谅解，另一方面能达到宣传的效果，更好地引导舆论，从而使社会人民更加理解与支持文化行政管理部门的政策开展。

②加强民主监督

第一，确定监督要点。在非物质文化遗产的数字化保护工作中，还存在一些需要自由量裁的管理方案。错误的自由裁量方案会导致行政管理不公平的问题，使民众对文化行政部门的公平性产生怀疑，还会更加不配合管理工作及管理人员，导致一些违法事件产生。在行政管理人员自由裁量和管理的时候，要充分地发挥出民主的监督权，对非物质文化遗产数字化保护工作的关键环节及重点事件进行监督，并且创建出严格的违法责任追究制。第二，健全监督主体。想要更好地使文化行政部门能够提升自己的管理工作效能，就需要强化管理公开及政务公开，通过建立科学民主的监督主体，使文化行政管理部门提高实际工作效能，强化管理工作制度的主体。在内容上分析文化行政管理部门的监督，主要包括四个方面：一是要加强党内监督，充分地发挥出纪检机关的作用，并且定期对行政管理工作进行检查；二是要加强国家机关的监督，使制度能够充分地发挥出自身的法律监督用途，并且大力地弘扬政协机关的民主监督作用；三是要加强群众监督，通过广播媒体及网络媒体，主动地使民众对部门进行监督，从而提升民众对部门的满意度；四是要加强新闻监督，通过对新闻媒体的公开性和及时性的运用，保持舆论的正确导向，充分发挥出文化行政部门的实际监督用途。

（3）服务导向

①发展电子政务服务

文化行政管理部门通过互联网对全国的非物质文化遗产进行管理，这是当前我国电子政务工作中的重要构成部分，它是文化与科技结合的环境下，对非物质文化遗产实施数字化保护机制的重要方式及信息平台。电子政务的运用，对文化行政管理部门的管理工作具有重要的价值。第一，提升管理效益。因为互联网的信息传播较为便利并且范围较广，所以通过电子政务就能够实现对全国非物质文化遗产数字化保护工作的整体管理，可以节约办公的成本，还能提升非物质文化遗产数字化保护工作的实际效果。第二，实现权力监督。电子政务系统在日常使用过程中需要责任到人，通过信息化管理的工作使权力更加分散，管理更加均匀，权力更加制衡，使组织的目标能够实现。因此文化行政管理部门应该加强部门信息及网络通信的基础建设，对现有的电子政务系统进行管理，对原有的数据库档案进行归档和迁移，形成一个全国范围内都能够通用的文化行政管理部门的管理数据库，并且要根据我国的非物质文化遗产数字化保护工作和人们的实际需求，分阶段地对社会进行开放，以确保政府的信息能够流通，使自身的行政效能及服务质量得到显著的提升。

②完善基层培训制度

第一，在内容上要加强专业性与针对性。文化行政部门在针对基层的公务员开展非物质文化遗产数字化保护的培训工作中，需要定期地对全国各地的非物质文化遗产数字化保护的实际情况和现实需求进行思考，本着能够适用于环境科学的宗旨开展培训。第二，在方法上要采用国内外现阶段的先进培训模式及理念，针对非物质文化遗产的基层保护工作中存在的问题，运用多种方式对问题进行总结，以提升基层公务员实际参与培训的积极性。第三，要遵照我国公务员法的基本要求，在各级文化行政部门开展工作的时候，应出台相应的措施及课程安排，使培训机制与公务员的激励机制结合在一起，使培训的质量能够上升，使培训成为考核公务员的依据。

③构建绩效考评体系

文化行政管理部门在绩效考核的时候需要对绩效考核的目标及过程指标，技术和信息资源，人力、物力、财力等价值方面进行思考。

（二）将体制制度创新作为核心

1. 非物质文化遗产体制制度创新概念的界定

（1）体制的界定

对于非物质文化遗产的数字化保护机制来说，体制是我国非物质文化遗产的社会管理模式。根据体制的定义来说，它是制度、领导及组织权限的体系；从管理学的角度分析，是指国家机关的组织及相关机构和企业之间的系统关系；从支撑上来说，它是生产力、生产关系及上层建筑的结合点，通过三者的体制来相互作用。从社会管理体制的实际内容分析，社会管理体制包含了公共服务、社会保障、社会组织建设以及管理等体系。但是在学术界也提出了很多不同观点，比如按照区域条件把社会管理的体系划分为社团管理、社会治安及社会服务体系等七种类型。根据社会学的原理，有的学者认为社会管理体系中包含社会政治、社会控制和社会服务体系。

（2）非物质文化遗产体制制度创新的界定

从我国的文化行政部门对非物质文化遗产体制的创建上分析，文化创新不是平时的对文化传统进行传承与延续的方式，而是在实际的内容、思想和形式上的创新，是传统文化在面向社会文化中，将其自身的精神内涵得以延续、发展和创新。所以非物质文化遗产体制制度的创新，需要以社会主义的实际精神建设特征及发展规律为基础，要满足当前我国的非物质文化遗产的数字化保护需求，建立起一个可以传承的非物质文化产业，适应时代的发展潮流。这一体制需要有各种具有约束力的规则和程序构成，是对社会管理制度的建立及法律法规体系的形成，通过这一体系的形成，可以对社会进行综合性管理，通过整合社会资源，解决非物质文化遗产数字化保护中与社会上出现的矛盾问题。

2.非物质文化遗产体制制度创新的目标和环节

（1）非物质文化遗产体制制度创新的目标

非物质文化遗产体制的创新目标，就是要通过文化与科技共同发展与进步的方式，在创新非物质文化遗产数字化保护与管理工作的实际观念，构建出一个全新的非物质文化遗产的管理模式的基础上，对社会上的资源进行合理的整合，使非物质文化遗产的管理随之整体提升，强化各级文化行政管理部门的管理服务与职能。

由于现代社会的结构变化，因此在利益协调、实际的利益表达与整合、矛盾的化解和社会保障等方面，都需要人们构建出一套科学化的体制，从而正确处理非物质文化遗产保护与经济发展工作的关系。除此之外，在文化和科技结合的环境下，非物质文化遗产的体制创新不能单一地体现在非物质文化遗产的管理工作中，还要体现在实际非物质文化遗产的服务上有体现。文化行政管理部门对自身的职能进行转变，不断地创新行政方式，增强自身的服务意识，规范管理标准，发挥出社会管理的积极作用。

非物质文化遗产的体制创新，需要与我国当前文化和经济的国情相结合，并且在原有的文化行政管理体制的基础上，不断创新，仔细推进，以党中央文化和科技结合的观念为引导，充分地发挥出文化行政管理部门自身的主导作用，加强实践，整合优势，积累经验。

（2）非物质文化遗产体制制度创新的环节

非物质文化遗产体制制度创新有如下突破方向：

第一，凝聚非物质文化遗产参与主体。非物质文化遗产的参与主体是指在非物质文化遗产的数字化保护过程中，实际的参与者与实施者。我国政府机构是非物质文化遗产数字化保护的领导人员，能够对整体保护起到协调与管理的作用。文化行政管理部门是非物质文化遗产数字化保护的管理部门，应该把工作的重点放在对环境的建设、规则的制定和提供服务中。各种类型的社会组织可以发挥出自身的优势，不断推动非物质文化遗产的科技化发展。

第二，创新非物质文化遗产管理观念。非物质文化遗产的管理观念创新需要在非物质文化遗产的体制制度中，通过创新的模式，正确地将非物质文化遗产的管理观念进行推动，并且要符合当前我国非物质文化遗产发展的基础。计划经济时期的管理模式已经不能适应当前社会对非物质文化遗产的管理与保护工作，所以应该树立服务的理念、保护的意识及法治观念，把法治与德智结合在一起，从而凸显出非物质文化遗产体制制度创新为实际工作带来的优势。

第三，转变非物质文化遗产管理方式。在现代社会中，全世界各国的非物质文化遗产的管理模式都会出现一些垄断，是逐渐转化为开放式和独立式的形式。由此可见，文化行政管理部门要加强对非物质文化遗产管理模式的转变，从过去的集权方式，通过直接掌控资源的去向，对非物质文化遗产进行分配与控制的管理模式，逐渐转化为按照市场经济的实际实力来进行多方协调，建立共赢的管理观念，把非物质文化遗产的数字化保护的多方主体都能够放入非物质文化遗产数字化保护机制中，实现各方的和谐发展。

第四，吸纳非物质文化遗产管理人才。只有具有了高素质和高业务能力的管理队伍，才能够不断推动非物质文化遗产体制创新的改革，使创新的速度变快。

第五，推进非物质文化遗产数字化保护评估。为了使非物质文化遗产数字化保护的成果得以提升，避免成本过大或者成效较低的短期的恶性循环，应该在非物质文化遗产的体制中，对非物质文化遗产数字化保护的实际成效，从有形投入和无形投入两个方向进行发展。有形投入是指文化行政管理部门在非物质文化遗产的管理活动中，对我国非物质文化遗产数字化保护的实际目标的推动，从而对人力物力和财力进行投入的一种模式。无形投入是指从人们的拥护度、实践的实际效果和公众对实际方式的认可度等方面，对非物质文化遗产的数字化保护成效进行考察与反馈，从而反映出非物质文化遗产有形投入的实际成效。

3. 非物质文化遗产体制制度创新的路径

（1）创新非物质文化遗产文化思想内涵

非物质文化遗产是我国历史文化的载体和人文精神发展的结晶，也是我国各族同胞能够联合起来的社会载体。对我国非物质文化遗产文化思想的创新与推动，是非物质文化遗产体制制度创新中的重点，能够构建出我国安全的文化环境。因此，推动非物质文化遗产的创新体系建设，可以从以下几个方面开展：

①观念创新

观念要在行动之前。非物质文化遗产数字化保护的观念创新是非物质文化遗产文化创新体系在建设中的重要前提，就是要突破过去的一些不符合时代发展的观念及思维模式的影响，对常规的思维进行突破解放，思想做到与时俱进，从而创造出新的文化理念，适应时代的发展与社会的实践。

②内容创新

非物质文化遗产的文化创新体系建设，需要通过内容创新在精神和物质两个方面开展构建。第一，要加强法治建设，形成跟非物质文化遗产数字化保护相符合的契约精神。还要不断提倡我国的民族传统美德，通过讲座激励和德育等教育模式，使公众的社会水平得以提高，把法治与德智结合在一起，使非物质文化遗产数字化保护体制的实现具有保障。第二，弘扬民族精神。非物质文化遗产作为我国不同民族人们历史文化及社会生活的表达，传承着新时期的民族精神，面对当前世界各国的思想文化对我国文化的冲击与交融，对非物质文化遗产的保护与传承，需要按照实际文化发展的需求，在非物质文化遗产资源中不断发掘出平等精神、竞争精神、科学精神及民主精神等丰富的精神内涵。

（2）推动非物质文化遗产公共文化服务体系建设

非物质文化遗产的公共文化服务体系，是我国文化建设中的重要构成部分，主体是非物质文化遗产的资源，载体是文化服务的体系。从上述定义可以分析，非物质文化遗产公共文化服务体系是文化行政管理部门提供的，能够满足社会文化需求以及非物质文化遗产的实际保护需求为基础的服务和制度的总和。推动我国非物质文化遗产公共文化服务体系建设的具体做法有以下两个方面：

①加强法治监管

非物质文化遗产的公共文化服务体系创设,除了要遵循法律法规,还要遵守我国实际的非物质文化遗产法的相关规定,通过科技的方式对市场进行监督,使非物质文化遗产的立法及知识产权保护工作得到强化,形成一个依法经营和诚实守信的非物质文化遗产的市场。

②完善调控机制

生产性保护是指在社会中不断应用和推广非物质文化遗产,使其进行有效发展和进一步弘扬的具体模式,想要确保这一模式能够得到有效应用就必须加强对其文化市场的进一步调控和管理。所以文化和科技的结合是积极探索非物质文化遗产文化市场的管理模式创新,是未来非物质文化遗产数字化保护事业的重中之重。需要不断地对非物质文化遗产的市场范围进行扩大,并且大力支持民营资本对文化市场进行投资,建立起现代的非物质文化遗产市场的营销体系,发挥中介机构与行业协会的组织用途,通过财政、税收、信贷等金融模式,使非物质文化遗产的公共文化服务体系得到支持,并且长久运转。

(三)将科技制度创新作为动力

1.非物质文化遗产科技制度创新的理论概述

从宏观的角度上分析,科技的创新是支持范畴及技术过程中创新的概括。对非物质文化遗产科技制度创新,强调了非物质文化遗产的研究对创新的实际价值,并且重点分析了非物质文化遗产的数字化保护新技术以及新发明上的突破与转换。从实际内容上分析,非物质文化遗产的科技创新制度,主要包括技术的创新和知识的创新,所以在其范围上是大于技术创新的。从创新主体分析,非物质文化遗产的科技创新主体具有多元化的特征,其中包括政府、科研机构、院校和各级社会组织等等。从运行的方式上来看,非物质文化遗产的科技制度创新具有系统性的特征,创新的主体是企业。从职能上进行划分,政府占据主导的地位,而文化行政管理部门则起到了主管的作用,科技管理部门需要进行引导时,企业机构及各类组织能够在政府的领导下共同合作,实现跨部门跨行业及跨领域的研发目标。

2. 非物质文化遗产科技制度创新的突破举措

（1）推动制定非物质文化遗产科技制度创新的行政政策与行业标准

我国的非物质文化遗产科技制度创新，需要按照国家的实际规定，有计划地把一些较为分散的非物质文化遗产资源进行合理的整合，使全国的不同非物质文化遗产管理机构及相关的事业单位，能够在政府的管辖范围内成为整体。以此为根本，在宏观上形成由政府行政管理部门打头阵，包括有关部门及科技部门的负责人参与的，具有权威性的非物质文化遗产创新协调组织。在微观上需要总体地对制度进行规划，制定出良好的控制策略，使更多的机构能够参与，并且不断地探索与完善。此外，对其数字化保护所采取的标准和规范也是科技政策的重要组成部分，它是在数字化保护过程中，对国外技术的应用以及国内技术创新的根本，更是我国非物质文化遗产科技制度创新能够进行信息转换与交流，并且实现资源共享的必要条件。所以需要具有统一标准的服务软件、统一标准的规程和统一的服务管理，这三个方面要按照非物质文化遗产信息的采集组织和分类保存等环节建立起良好的标准与规范，实现非物质文化遗产相关信息的互通、互联、互享。

（2）加大非物质文化遗产科技制度创新的资金投入

充足的资金是非物质文化遗产科技制度创新的必要条件。企业在筹措非物质文化遗产科研资金的时候，可以通过银行贷款、股市筹资、风险投资和自用资金等模式。但是，因为资本市场对研发项目的限制比较多，所以银行贷款、股市筹资在非物质文化遗产的科技创新领域的应用较少。企业要不断拓宽自身的筹资范围，确保自身具有充足的资金。根据我国法律法规的要求，对非物质文化遗产数字化保护投入的主体要进行鉴别与审查，确保良好的审核制度，能够完善投资的机制。

（3）推进非物质文化遗产科技制度创新的人才培养

非物质文化遗产科技制度创新需要很多优秀人才的参与，所以应根据各地的非物质文化遗产数字化保护的真实情况，并且结合当地的经济及社会情况，采取师徒传承和学校教育及网络媒体传播等方式，实施非物质文化遗产数字化保护的人才培养工程，并且建立起非物质文化遗产数字化保护的人才数据库。同时，为了激励更多的人才愿意参与到非物质文化遗产数字化保护工作中，还需要建立起良好的激励机制，以吸引更多的高素质科技创新制度人才。

（4）实施非物质文化遗产科技制度创新的融合研究

推动文化与科技的融合是当前我国非物质文化遗产数字化保护的主要发展方向。具体的措施如下：第一，科技评估咨询。邀请社会上的科研人员，参与到非物质文化遗产数字化保护的项目中。通过这样的方式，能够使我国不同的科研力量更加了解我国的非物质文化遗产数字化保护的现状，在其自身的专业领域中提出相对有针对性的建议。同时，还要吸引各类规范的社会研究力量参与到非物质文化遗产数字化保护研究的工作中，通过各种较为优秀的研究方式及思路，促进我国非物质文化遗产数字化保护环境中科学研究力量的规范。第二，跨系统研究合作。通过高校、科研院所参与到非物质文化遗产数字化保护的科研工作中，为非物质文化遗产的数字化保护科研工作的开展提供更多的高层次、高专业度人才。

3. 非物质文化遗产科技制度创新的路径

想要实现非物质文化遗产数字化保护工作，与高校和科研院所等科研机构合作是最有效的方式。根据我国现有的科技制度创新的环境及非物质文化遗产数字化保护需要的条件，非物质文化遗产科技制度的创新，具体的路径可以从以下四个方面分析：

（1）制定非物质文化遗产科技制度创新的发展规划

因为非物质文化遗产的科技制度创新需要的投入较大，并且风险很高，时间也很长，所以文化行政管理部门、企业对非物质文化遗产的科技制度创新的认识和重点并不同，有时还可能出现相互冲突的状况，究其原因主要有以下几个方面：第一，获取方式差异。企业更倾向于直接对技术进行引进，而避免自身在非物质文化遗产科学技术的研发上产生的风险。文化行政管理部门则希望企业能够通过自主研发与创新的模式开展工作，避免对国外的技术过于依赖。第二，创新领域差异。企业更希望消费领域的科技创新能够使市场营销范围更为广阔，从而能够使成本得以回收。而文化行政管理部门则希望企业能够与非物质文化遗产的数字化保护工作具有较大的关联度,并且在这一领域中进行创新,从而有助于整个行业的科技水平发展。第三,时空范围差异。企业在非物质文化遗产的科技制度创新中,更加关注短期市场的实际需求及供给情况,而文化行政管理部门更重视对非物质文化遗产数字化保护的长期发展和技术创新,希望企业能够将目光放得长远。第四,评价标准差异。企业只是单一地从非物质文化遗产科技创新的结果、销售业绩和实际利润上对创新的成果进行考核,而文化行政管理部门则会从全国的非物质文化遗产数字化保护的角度进行全盘的思考。第五,知识产权认知差异。在非物质文化遗产的科技制度创新成果研发完成后,企业希望单独享有其利润,并且对研发成果具有知识产权保护,但文化部门希望通过对非物质文化遗产科技制度创新成果的推广与公开,使非物质文化遗产的数字化保护的社会成本降低。可见,在非物质文化遗产的科技制度创新中,双方的目标并不一致,既不能让文化行政管理部门站在商业的角度开展创新工作,也不能让企业直接放弃利益而迁就文化行政管理部门,所以需要通过顶层设计及全盘规划的模式,形成政府与企业之间的创新合作机制,通过合作共赢、共同发展的模式来规定双方的责任与义务。

综上所述,为了避免文中的制约因素对非物质文化遗产的实际科技创新产生影响,文化行政管理部门需要制定出非物质文化遗产科技制度创新的整体发展规划,并且形成以企业为主体、以高校和科研机构为辅助的社会服务一体化协作模式,使企业和各个不同类型的科研机构都能够发挥出自身在创新过程中的重要作用,推动整体科技制度的发展与创新。

(2)提供非物质文化遗产科技制度创新的政府补贴

通过对世界各国行政管理的经验分析,在当前的市场经济环境下,对一些重点行业及部门开展引导工作,采取政府补贴的措施,是一种较为有效的方式。一方面,政府补贴可以使高新技术企业在非物质文化遗产研发上的资金问题得以解决。另一方面,研发成果所带来的实际收益,能够直接归高新技术企业所有。通过以上两种形式,能够促进高新技术企业更加积极地开展非物质文化遗产的科技制度创新活动。跟政府直接给予补贴相比,采取税收优惠的模式,能够有效降低高新技术企业的实际税负,达到与政府补贴同样的成效。

（3）推进非物质文化遗产科技制度创新的法制保护

非物质文化遗产科技制度的创新，需要有一个稳定并且规范的发展环境。国家的行政机关要制定相应的措施，对市场行为进行规范，确定产权界定的法律法规体系。

从法制角度分析，非物质文化遗产的知识产权是法制保护工作中的重点。文化行政管理部门需要通过法制对非物质文化遗产科技制度创新中各个主体之间的关系进行协调，使主体能够发挥出创新的动力，并且对各方的行为进行约束。

（4）促进非物质文化遗产科技制度创新的中介服务

文化行政管理部门与高新技术企业和各种社会组织要根据自身的职能及实际的活动范围，加紧沟通与联系，并结合当地的发展水平及科技力量，不断地对自身的科技研发水平进行提升。

中介服务内容包括：第一，为非物质文化遗产科技制度的创新提供中介服务的实际场地，比如文化产业园及高新技术园等。第二，为非物质文化遗产科技制度的创新提供中介服务的交易机构，比如技术服务交易大厅、服务中心等。第三，为非物质文化遗产科技制度的创新提供具体的保障机构，比如仲裁协调部门、非物质文化遗产数字化保护协会等。

第三节　非物质文化遗产数字化保护机制的实现保障

一、非物质文化遗产数字化保护机制实现的政策保障

（一）学习先进经验去协调法律关系

为了保护非物质文化遗产，阻止非物质文化遗产的破坏乃至消亡，保证人类文化的多样性和人类的创造性，一些国际条约和区域性国际条约相继被制定，如《保护文学和艺术作品伯尔尼公约》（简称《伯尔尼公约》）、《保护民间文学艺术表达、防止不正当利用及其他侵害行为的国内法示范条款》、《与贸易有关的知识

产权协定》《保护世界文化和自然遗产公约》《保护非物质文化遗产公约》《关于建立非洲知识产权组织班吉协定》(简称《班吉协定》)、《阿拉伯著作权公约》等,这些条约对传统文化的保护工作起到了巨大的推动作用。此外,在国际环境保护法、国际人权法、知识产权法等法律中都有对非物质文化遗产的保护条款。目前,我国已经加入《伯尔尼公约》《与贸易有关的知识产权协定》《保护世界文化和自然遗产公约》《保护非物质文化遗产公约》等国际条约。随着我国加入国际条约数量的增多,我国在保护非物质文化遗产方面越来越多地借鉴国际原则、国际惯例等。因此,在立法的指导思想上,需要坚持科学发展观,正确地对文化遗产的保护工作进行认识,要以动态保护的思想,实现经济和文化的协调发展,使非物质文化遗产能够与社会经济全面发展。立法内容层面,需要充分使用国家宪法立法权,针对少数民族地区存在的特殊性问题进行专属条例的制定,以确保能够有效解决可能存在的问题,提高法律法规的可操作性和可践行性。地方立法时需要充分结合不同地区的实际情况,如人口情况、地理因素等,从而更好明确立法目标,提高立法的针对性。此外,在立法的时候,还要对法律、社会管理和我国的国际义务三者之间的关系进行协调。

(二)设立侵害非物质文化遗产的法律救济机制

一个完善的法律机制,需要具备相应的救济机制。非物质文化遗产的法律救济可以通过补救性和预先性两个层面进行有效设计。预先性救济是指在非物质文化遗产还没有得到实质性侵害之前所相应开展的救济。可以通过以下制度开展设计:

1. 财政支持法定义务制度

想要加强非物质文化遗产的数字化保护,要有足够的资金支持,因此,中央财政和地方财政都需要充分结合非物质文化遗产数字化保护工作的实际情况,结合国家和地方的财政状况,预留出充分的资金。

2. 挖掘、发现和维护奖励制度

在设计相关法律时,应当充分考虑激励机制,发挥激励作用,任何能够对非物质文化遗产数字化保护工作起到较好作用和影响的行为都应当得到一定的奖励。奖励方式既可以通过物质奖励，也可以通过精神奖励，从而有效调动参与的积极性和主动性。对于企业而言，若能积极投身到数字化保护工作中，则应当在税收层面给予一定的优惠或减免，从而调动企业的参与热情。对于个人和家庭，也应当加强鼓励和引导，建立专项基金，有意愿者可以向基金会捐赠资金，便于更好的开展非物质文化遗产的数字化保护。

补救性救济是指非物质文化遗产已经受到了一定的侵害，对于违法犯罪的人员必须通过法律手段对其进行制裁，追究其应有的责任。

（1）懈怠维护的警告制与"三责"（民事责任、行政责任和刑事责任）

当现代行为损害非物质文化遗产的完整性，影响其传承和保护时，应当建立两项制度对这种行为进行规避和制止：一是警告制度，要成立专门的委员会，对于可能存在以上行为影响非物质文化遗产保护的人，要提出严正警告，要求其在规定时间内进行整改；二是对于受到警告但没有制止不良行为的行为人，应当按照相关规定追究其民事行政，甚至刑事责任。在相关法律条文中应当对上述行为及制约措施进行设计和制定。

（2）侵害行为的"三责"制度

对于过失或故意使得非物质文化遗产完整性受到侵害，甚至使其面临灭绝境况的行为，应当受到民事行政及刑事方面的责任追究。但若并非故意或由于不可抗因素所导致不良后果的，也应当在追究责任时考虑实际情况不得滥用权力，随意追究责任。

（3）从知识产权角度加强非物质文化遗产数字化保护立法

非物质文化遗产实际上是凝结了人类智慧的信息，是知识产权的有效客体。在选择对非物质文化遗产进行保护的相关法律属性时，也应当充分考虑其客体。物质文化遗产属于民法范畴，在对其进行保护时所采取的措施或制度为物权制度。但非物质文化遗产是抽象的、无形的，实际是一种信息。因此，应当将其划归到知识产权的领域和范畴内，通过知识产权制度对其进行保护。

二、非物质文化遗产数字化保护机制实现的行政保障

（一）非物质文化遗产行政保障机制的特性

1. 非物质文化遗产行政保障机制的国家强制性

实施行政保障机制的主体为政府及各职能部门，比如公安或民政，可以借助法律所赋予的职责行使相关权力，可以针对非物质文化遗产权益保障制定相关政策，能够更好地保护传承人及民间组织，且社会中其他力量和个体都需严格履行和遵守所制定的政策，否则将会面临行政处罚，严重者将会受到法律制裁。

2. 非物质文化遗产行政保障机制的广泛性

行政保护机制的广泛性取决于政府职能的广泛性和行政公共性。政府作为执行权力的职能部门和机关单位，依法、依规对公共事务进行切实有效的管理，其管理范围涵盖文化、政治等领域。虽然民间组织也能在一定程度上对非物质文化遗产的权益进行保护，但在实际践行过程中这些民间组织所能发挥的力量更加集中于经济层面，比如为传承人解决经济顾虑和困难，对于精神文化层面或政治层面的相关内容则无能为力，这时就必须通过政府部门和机关单位，制定切实有效的政策和措施，从而有效确保其合法权益。

3. 非物质文化遗产行政保障机制的灵活性

在实际关系到非物质文化遗产资源权益的保护问题中，行政机关可以通过更加灵活的手段开展工作，比如制定防止对非物质文化遗产资源产生伤害的行政标准及实际的措施，还可以对非物质文化遗产的保护活动开展指导工作及奖励工作等。行政保障具有便捷性的属性和特点，当相关权益受到侵害时，行政保障能够最快速地解决问题，保障合法权益。当合法权益受到侵害时，可以通过申请仲裁、司法途径等多种方式进行解决，在这些途径中，行政保障无疑具备更加便捷的优势和特点，因此，当需要救济时可以通过申请行政保障的方式来有效捍卫权益。这是由于行政救济的手段使用周期较短，程序简单直接，交易成本较低并且效率高，这些优势能够节约社会成本，避免造成司法资源的浪费，是一种优先的选择方式。

（二）非物质文化遗产行政保障机制的构建

1.建立、完善非物质文化遗产文化保存与利用机制

在非物质文化遗产的保护中，要大力发挥出档案馆、图书馆和博物馆等文化场所的用途。我国当前已经大力开展普查工作，对非物质文化遗产进行了更加全面的了解、把控和梳理，要着重分析当前我国所具备的数量、种类，目前的保护状况，急需解决的问题，通过多种途径和方式对其进行有效记录，建立数据档案库。要加强实物收集和展示，积极鼓励和引导地方博物馆加强对相关资料的搜寻和整理。比如相关的事业单位可以收集不同民族和不同地区的特色传统节日习俗，并且整理成档案，通过影音设备在各地的习俗日把这些习俗真实地记录下来，使后人更好地对节日习俗进行研究。同时，要通过专家的评议及审批，对已经列入传承人名录的人们，建立起传承人的档案，尽量以文字、图片和影音的模式进行储存，对储存的全部资料可以采用我国的多级保护制度，除了国家级的杰出传承人，还要确定省市级的传承人，并且调动档案馆等事业机构，以更加全面、多元化的方式，对传承人的信息进行保护，以确保非物质文化遗产保持原生态。在非物质文化遗产的文献建立起良好的体系之后，应该把这些完整且安全的非物质文化遗产档案和文献进行合理的运用，比如在线收听、图片和文件的下载、服务在线的互联网博物馆等。互联网博物馆具有巨大的虚拟空间，在理论上是不会受到空间限制的。例如，我国的中秋节在不同的地区，民俗习惯大多相似，通过互联网博物馆，公众就能够了解到不同地区各具特色的中秋节知识内容，从而更加了解中秋节的文化内涵。现代图书馆可以通过讲座、展览和竞赛的方式，积极开展与非物质文化遗产数字化保护工作相关的活动，起到宣传、教育的作用，加强人们对非物质文化遗产的认知保护意识。除此之外，博物馆、档案馆等要积极承担起自身的社会责任，投入非物质文化遗产保护的研究中，加强与相关机构的沟通和交流，还可以协助相关部门或团体开展相应研究，在数量确认、档案整理等方面提供有效助力。通过这种方式能够有效提高工作人员的整体能力和水平，使其获得有效成长和发展，也能不断充实国家研究力量，更好助推对非物质文化遗产的进一步研究和保护。

2. 建立、完善政府引导职能

通过舆论工具和政策导向，使各种制度及社会资本都能够进入非物质文化遗产的数字化保护工作中，对各种非物质文化遗产的资源进行深度的开发与整合。政府应当加强对相关团体或机构的支持和帮助，特别是具有较强示范性的团体。对于经营性单位，政府相关部门要加强支持和帮助，引导其进行改革，结合市场发展需求和制度建设要求，通过股份制等有效方式建立更加科学、合理的管理模式，提高企业的经营水平，实现扭亏为盈。同时，要加强规划，推出与之相关的文化产业经营公司。要优化管理制度，特别是人才管理方面，要制定科学、合理的培训机制，采取签约制等多种方式使传承人具备代理权。在用人方面应当充分突出经济效益这一核心，要实施更有针对性和更有效的用人机制，确保具备较强能力的工作人员能够得到重用，也能及时淘汰工作能力不符合工作开展需要的人员，建立更加科学、合理的收入分配机制，充分调动工作人员的工作积极性和主动性，实施按生产要素和按劳分配相结合的分配模式。

3. 加强对非物质文化遗产传承主体利益的维护

相关法律法规应当加强对传承主体利益的维护。对于非物质文化遗产而言，在对其进行保护时除了要加强对产品实体的保护，还应当加强对传承者和传承技术的保护，想要真正使非物质文化遗产能够在新时代发挥出不一样的光和热，使其得到有效传承和弘扬，就必须加强对传承主体的维护，给其营造更加宽松、自由的氛围和环境，能够使传承主体结合时代发展潮流、结合时代发展土壤进一步创新和优化，使非物质文化遗产在新时代迸发出不一样的火花。一般而言，传承主体大多是年龄相对较大且居住在偏远农村地区的主体人群，因此也需针对性制定切实有效的措施，进一步捍卫和保护其利益。首先，要加大资金投入，解决其后顾之忧，比如可以通过发放津贴或拓宽资金筹措渠道等方式，有效确保传承主体在创新传承过程中能够有更好的资金支持；还需加强培训支持，提供资金帮助，确保传承主体能够有充分的资金和实力开展传帮带活动，使非物质文化遗产的相关技艺能够得到有效传承。其次，加强对传承主体在知识产权和专利方面的利益维护。要不断优化和完善知识产权法，制定更加科学、合理的法律条文，最大程度维护传承主体的利益。最后,应当加强鼓励和引导,调动传承主体的主观能动性,加强创新。非物质文化遗产不应作为玻璃柜中的易碎品,应当植根于新时代土壤、吸取新时代营养,在新时代绽放出不一样的光芒。因此,传承主体应当拥有创新意识,加强与时代的衔接,不断进行优化和创造,从而更好地传承和弘扬非物质文化遗产。政府相关部门应当承担起鼓励和引导的职责和使命,加强对具备创新意识或取得创新成果的传承主体的奖励。侧重于经济利益的保障机制是为了更好地调动年轻人的参与积极性和主动性,让年轻人更好地了解非物质文化遗产、喜爱非物质文化遗产,并自觉成为传承和弘扬的主力军。

三、非物质文化遗产数字化保护机制实现的资金保障

(一)非物质文化遗产资金保障机制的现状

我国在非物质文化遗产工作中强调和突出保护的主导性,要想实现这一目标就必须有充足的经费,必须建立科学、合理的经费保障机制。在我国的实际发展现状中,政府公共财政投入是经费保障的主要来源。决定这一现状的主要因素如下:

1.决定因素一:公共财政的性质

非物质文化遗产保护工作是我国文化工作中的重点内容之一,是彰显我国文化实力的重要基础,对于中国社会的发展和中华文化的传承有非常重要的影响。随着国家和社会对非物质文化遗产的重视程度不断提高,文化投资数量越来越多、方式越来越多元,公共财政投入不再是支撑其的唯一来源。不可否认的是,公共财政投入依旧是主要来源。主要是因为这一项工作属于非营利性质的工作内容,在一定程度上很难与其他营利性工作相比较,也很难通过自身积累满足经费缺口。因此,想要更好地助推其保护和传承就必须加强公共财政投入。政府结合社会产品剩余价值再分配,通过财政拨款的方式更好地提供专项资金,用于推动非物质文化遗产的传承和保护工作。

2. 决定因素二：公共财政的特点

随着社会的不断发展，越来越多的主体和社会力量重视公益性文化事业，也积极进行投资。但不可否认，在投资过程中势必会受多种因素影响，如资本投资的目的或期待发展的方向，不可能如同政府部门那般完全以非物质文化遗产的保护作为唯一目标和核心。相较而言，公共财政投入具备更强的稳定性。在这种发展环境和背景下要积极引入多种渠道或形式的资金，同时需要确保公共财政投入，这是非物质文化遗产保护的重中之重，也是不可撼动的重要地位。

3. 决定因素三：全国经济发展现状

当前，国内的经济发展水平以及整体的发展环境更加优良。国民经济已成功迈上新台阶，有足够的力量支持文化发展和保护工作。同时，部分营利性文化事业紧紧抓住市场发展的机遇，逐步实现自负盈亏，不需要国家再提供过多的财政支持。因此，在这种情况下国家财政也要及时进行调整，减少对营利性文化事业的财政投入，适当倾斜于非营利性的文化事业。基于此，非物质文化遗产保护事业作为非营利性文化事业的重要组成部分，应当获得国家和相关部门的更多重视，提供更强有力的财政支持，助推其更好发展。

4. 决定因素四：非物质文化遗产数字化保护的长远利益

非物质文化遗产是潜力巨大的文化资源，通过对其进行挖掘和开发能够产生较强的经济和社会效益，带来非常丰厚的回馈。因此，加强公共财政的投入也是对其进行投资，最终所获得的成果能够反馈到社会中，推动社会的发展，推动其他行业的提升。比如，有些国家充分依托非物质文化遗产打造特色旅游业，带动当地经济发展，产生巨大经济收入，改善当地人民生活水平，提高国家经济实力，成为国家经济发展中的重要支柱。

（二）非物质文化遗产资金保障机制的实施关键

1. 增加投入力度，争取中央的投资

非物质文化遗产单位是非营利性的，应当获得政府的财政支持。《中华人民

共和国非物质文化遗产法》第1章第6条对非物质文化遗产数字化保护经费做了明确的说明："县级以上人民政府应当将非物质文化遗产保护、保存工作纳入本级国民经济和社会发展规划，并将保护、保存经费列入本级财政预算。"[①]

2. 督促各级政府，确保资金到位

地方政府应当积极配合中央政府，执行中央政府制定的各项措施和政策，尤其是要严格按照政策要求执行非物质文化遗产保护工作的"五个纳入"要求，充分重视非物质文化遗产保护工作，要制定明确的目标，并开展年度考核，通过考核结果衡量年度工作开展状况，不断反思和总结，将非物质文化遗产数字化保护工作与经济工作放在同一水平线上，同样加强正式和措施保障，要定期了解、分析和探讨工作开展状况，及时总结和提高。地方政府在加强财政支持时要通过量化的方式确保非物质文化遗产数字化保护工作的有效开展。比如，充分结合本区域内非物质文化遗产的数量、发展现状及保护紧急性，规定将年度财政收入的百分之多少作为推动该工作发展的财政支持。要落实责任制，由专门的领导干部来负责这项工作，同时在对该领导干部进行考核时也要将这部分内容作为重要的考核指标，提高工作开展效率和质量。同时，加强对各级政府的监督，确保各级政府能够积极履行自身职责，共同推动这一工作的有效开展，确保公共财政投入能够真正用于发展这项工作，更需要制定科学、合理的法律制度，通过法律手段进行约束，更好保障财政支持的合法性和权威性。此外，省级行政部门还可以充分发挥媒体舆论的作用，定期对非物质文化遗产数字化保护"五个纳入"工作表现先进的予以表彰，树立非物质文化遗产数字化保护工作的典型。

3. 扩大资金渠道，实现社会融资

自改革开放以来，越来越多的民间组织和企业抓住了发展机遇，增强了自身实力，积累了大量财富。其中一部分具有强烈社会责任感的团体和个人愿意支持社会公益事业，进行投资，助力其发展。且随着市场经济的进一步发展，越来越

[①] 中国人大网. 中华人民共和国非物质文化遗产法 [EB/OL]. （2011-02-25）[2023-09-15]. http://www.npc.gov.cn/zgrdw/huiyi/cwh/1119/2011-02/25/content_1625617.htm.

多的微观企业涌现并逐渐发展，增加了企业数量，增强了市场力量。这都使得社会融资助力于非物质文化遗产数字化保护成为可能。

四、非物质文化遗产数字化保护机制实现的传承保障

（一）非物质文化遗产传承人的分类

传承人是指直接参与和传承非物质文化遗产的群体或个人。一方面，传承人必须具备非物质文化遗产相关的技术或拥有非物质文化遗产内容；另一方面，能够积极参与和开展传承活动。对个人而言，首先需要通过传习获得，其次需要在习得的基础上通过不断研究和创新，获得一定成果传承相关知识并弘扬。对于群体而言，传承是指通过个别人传承的非物质文化遗产在群体中进行广泛传播，并获得广泛认同，进入集体的再创造过程。传承人主要包括社会传承人、家族传承人、行业传承人、学校教育传承人四类。

1. 社会传承人

社会传承是指在社会中进行非物质文化遗产弘扬和传承的方式，该模式属于群体传承，传承人也被分为全民性社会传承人、地域性社会传承人等。

（1）全民性社会传承人

全民性社会传承人是指在一定的人群或地域内，社会成员们普遍参与的文化项目。这种传统方式具备非常鲜明的特点，如参与的人员数量非常多、所涉及的范围非常广泛，且往往都能够具备跨越族群和地域的属性及特点。所涉及的非物质文化遗产更多是源于集体记忆，通过代代相传、口口相传的方式进行传承和弘扬，很少会发生失传。这种传承方式下的传承人也被称为全民性社会传承人。如地方风俗等就属于全民性社会传承。

（2）地域性社会传承人

有些传承对地域和场所有特殊要求，因此体现出较为明显的地域性。这种方式也被称为地域性社会传承，相应的传承人也被称为地域性社会传承人。

2.家族传承人

家族传承是指对非物质文化遗产进行传承时只局限于有血缘关系的群体。比如医药方面的传承，往往是家族传承的方式，只有具备血缘关系的人才能学习这一技艺。这种传承方式较为普遍，往往是为了保护这一技艺不被外泄，有些传承甚至还明确规定传女或传男。

3.行业传承人

行业传承是指基于某一职业或行业，在行业内部进行学习和传承的方式。比如拜师学艺，如曲艺等都通过传帮带的方式学习和传承。再如在某一行业内，学习者通过环境和氛围的熏陶，通过自身的摸索和学习获得某一技能。这种传承模式下的传承人往往都具备较强的能力和素质，对所传承的文化和技艺有着高于常人的理解和认知，具有较强的水平和造诣。

4.学校教育传承人

学校教育传承模式是新时代广受好评和期待的非物质文化遗产传承的重要途径和方式，更能体现出传承和保护的主动性、积极性。在这种传承模式下，师生作为主要的传承人。传承的方式也较为多样，主要基于课堂开展多元化的教育教学。比如对教材进行更新和完善，通过邀请民间艺术家开讲座等多种方式加强对非物质文化遗产的进一步了解和学习，这使得传承主体不断扩大，增强了非物质文化遗产的生命力。

（二）非物质文化遗产传承保障机制的实现路径

1.以政府为主导，建立非物质文化遗产传承的有效机制

各级政府文化行政管理部门需要肩负起自身的职责，加强对传承人的培训，根据传承内容制定科学、合理的培训内容，加强对传承单位的认定，严格把控认定指标和门槛，加强对数字化保护工作开展的把控和监督，确保工作开展效果和质量，加强对科研单位或高校等的支持和引导，为非物质文化遗产数字化保护工作开展提供强有力的人才支持、充实研究力量，鼓励高校加强课程研发，以高校作为传承基地，加强对非物质文化遗产的弘扬。学校也应当充分结合自身定位和

优势，制定科学、合理的教育内容，尤其要有意识地引入非物质文化遗产的相关内容，通过开展教育、教学，为其发展提供有力的人才支持。

2. 加强社会参与，增强非物质文化遗产传承的培训力度

专业人才不足是影响工作开展效果和质量的重要因素。非物质文化遗产的数字化保护工作是一项全新的工作，对于工作人员的能力和素质要求也相对较高，工作人员必须具备与之相匹配的能力和素养，才能更好地满足工作开展需要，也才能使工作成果得以呈现。因此，必须重视培训，特别是要加强对业务骨干的培训，提高业务骨干的专业化能力和水平，基于分级负责的基本准则，建立健全的培训机制，涵盖各个层级的培训，提高各个层级工作人员的能力和素质。丰富培训方式，通过线上培训、课堂培训、委托高校培训等多种方式，有效提高培训的效果和质量。丰富培训内容，特别是与之相关的法律法规、先进经验等进行切实有效培训。扩大培训主体和目标对象，如传承人、专业人员、管理人员等，提高各主体和对象的素质和水平，加强教材编写，提高教材的科学性与合理性。在各学校开设相关课程，在各高校设置相关专业，特别是大学应当承担起抢救和研究非物质文化遗产的历史使命，将其融入教学和科研中，使非物质文化遗产的教学成为教学科研的一个有机组成部分，培养各层级、各个方面的优秀人才，如研究、传承等，从而使这一工作的各个层面都能获得较大提高，要充分抓住学校的阵地作用，以此为基础加强非物质文化遗产的传承和弘扬。

3. 通过宣传引领，扩大非物质文化遗产传承的社会影响

代表性传承人和传承单位的确定应当严格把关，由本级专家委员会综合多方面考量确定并进行有效命名。在选择本级代表性传承人时，需要从下一级中进行选拔，综合考量下一级传承人的各方面表现及专业素养，选择最为优秀的传承人成为本级代表性传承人。为了更好地确保公平公正性，应当制定切实有效的选拔或评定方法，具体由专家委员会负责，要充分结合非物质文化遗产的实际情况，制定科学、合理的评定指标。为了更好地调动传承人和传承单位的参与积极性、主动性，应当适当予以资源倾斜，比如政府补助，也要确保能够拥有相应的权利，

比如通过参与艺术创作等获得相应的报酬，通过这种方式既能够有效解决传承人和传承单位的资金问题，也能有效调动传承人和传承单位的参与积极性。在确保其基本权利的同时，也需要代表性传承人和单位履行基本的义务，要选择合适的继承人，通过传帮带的方式进行有效培养，使其获得非物质文化遗产相关的所有知识、材料等，以确保继承人能够成为下一代的传承人，能够继续将非物质文化遗产进行传承和弘扬。对于在参与过程中有突出表现的代表性传承人和单位，也可以授予表彰，赋予荣誉称号，从而调动其参与的热情。各级政府应当积极配合和支持非物质文化遗产传承和保护活动，在必要情况下提供所需要的资源、场所等。

第四节 非物质文化遗产数字化保护的提议

一、鼓励群众主动参与非遗数字化保护

想要更好加强非物质文化遗产数字化保护就必须广泛调动人民群众，深入人民群众，获得人民群众的喜欢和支持。专业人士或相关爱好者应当发挥自己的作用，加强对其的传承，使越来越多的人了解和喜欢。当地人民也要积极踊跃参与，扩大群众基础，增强其生命力。当地相关部门应当充分意识到这一点，要在日常工作过程中紧密围绕人民群众、团结人民群众，借助人民群众的力量，更好推广数字化保护模式。

二、宣传非遗数字化保护的优势

非物质文化遗产数字化保护模式的推广有赖于宣传效果和质量，只有通过广泛宣传，才能让人了解到针对非物质文化遗产开展数字化保护的重要性，也才能自动参与到保护过程中，为非物质文化遗产的保护提供助力。在设计宣传内容时，可以应用文字等对成果进行阐述，达到更好的宣传效果，可以进行适度夸张，但不得背离或作假。在选择宣传途径时，可以通过多种方式和途径，比如电视、网

络等，通过这些信息宣传途径能够更好地弥补传统宣传途径的不足和缺点，从而更好地提高宣传的影响力。在宣传地点设计方面，应当扩大波及范围，如街道、学校等，都可以开展相应的宣传，从而使越来越多的人了解相关知识，使越来越多的人认可和理解数字化保护的重要性，从而提高凝聚力和团结力，更好地推动数字化保护的有效发展。

三、注重地方性知识传承与发展

非物质文化遗产作为地方文化的精华与代表，其传承就是地方文化的传扬，保留了地方意义与地方感，为全球化增添了稀缺性和多样性。《世界文化多样性宣言》表明，文化在不同的时代和不同的地方具有各种不同的表现形式。各群体和社会借以表现其文化的多样性，而"多样性"最终落脚在"地方性"上，一个具有文化意义的"地方"丰富了人们的生活，为人们提供了栖息的精神家园，对建立过去与未来的关联，它们是不可替代和弥足珍贵的，因此必须为现在和未来的世代传承、为本地民众保留"原生性"文化的"根"。文化自生成时便有特定区域的社会与自然的烙印，形成多元的地方文化，非物质文化遗产亦是如此。每个地域都有其特色，都有特定的生态环境和社会环境，因此。造就了区域文化的独特性。每种文化在发展过程中势必要经受时代和社会的选择，能够留存下来的文化都是在多种文化中脱颖而出的优秀文化，这些文化是稀缺的、宝贵的。从另一层面而言，在后现代社会中文化是较为多样的、复杂的，相较而言，地方文化的稀缺性更加突出。

四、发展普及型教育学习

《中华人民共和国非物质文化遗产法》第 34 条规定："学校应当按照国务院教育主管部门的规定，开展相关的非物质文化遗产教育。"[1] 但非物质文化遗产并未纳入主流教育范畴，它是一种非常珍贵的教育教学资源。将非物质文化遗产纳

---

[1] 中国人大网．中华人民共和国非物质文化遗产法 [EB/OL]．（2011-02-25）[2023-09-15]. http://www.npc.gov.cn/zgrdw/huiyi/cwh/1119/2011-02/25/content_1625617.htm.

入教育范畴，有利于新生代对民族精神、民族智慧及活态文化的认知，也有利于民族文化记忆的挖掘、梳理、整合和延续。教育相关部门应当积极构建科学、合理的教育体系，充分纳入非物质文化遗产的相关内容，让更多的学生接触和了解非物质文化遗产，使学生产生认同感，成为非物质文化遗产保护的主力军，并积极推动非物质文化遗产的进一步创新和发展。据相关研究表明，教育产品是当前需求量相对较大、广受关注的重要服务产品，可以使其与数字化视听技术进行紧密融合，从而通过网络对该产品进行有效宣传和推广。数字信息技术可以在网络中呈现历史地理信息，亦可将之应用于图书馆、博物馆、档案馆，进行数字化展示、文物图像超链接、内容交互、个性定制等服务，并辅以不同领域的专家学者的咨询与解说，直接将文化信息分享给公众，增加公众的文化知识，提升公众的文化素养，强化公众的文化认同，进而为社会构建、文化记忆、基因传承与价值传播提供依据。

五、公益性数字展示

非物质文化遗产具有教育、凝聚、回忆等功能，通过展示传播，能将这些功能放大，并获得更好的文化传承与传播效果。当前，不少地区在积极建设非物质文化遗产博物馆或传习馆，或者举办非物质文化遗产文化节、静态陈设非物质文化遗产相关物品，或者由非物质文化遗产传承人定期或不定期地进行在地性表演，以期与社会公众产生互动，达到文化展示传播的目的。但这种制度安排下的行为限于时间、空间与受众的影响，传承与传播效果并不理想。数字化技术改变了非物质文化遗产的传统展示方式。利用数字化技术（虚拟现实技术、增强现实技术等）对非物质文化遗产，特别是传统工艺的生产、传播与传承方式等进行真实再现，建立基于数字媒介平台的非物质文化遗产数字博物馆，将非物质文化遗产的数据信息整合在一起，最大限度地实现非物质文化遗产数字内容的展示、传播、共享与利用。

六、提高产业型创意附加值

非物质文化遗产数字化不应只专注于静态的数据结构或文化形式的追求，而应把重点放在与文化发展及人有关的价值与意义方面的创造上，不仅要再现过去，更应满足人的现代文化需求，促进非物质文化遗产的发展，增加非物质文化遗产数字内容产业性创意附加值。利用数字化技术，为非物质文化遗产提供新的文化书写和再现途径，重视文化实践社群和文化传承者对文化知识再生产、再创造的过程。非物质文化遗产数字化可以在线性、嵌入性、融合性地打造非物质文化遗产关联产业。通过数字化技术，将非物质文化遗产以标准化和数字化的形式进行编码与存储，建立数字文化遗产数据库，并以其数据为基础，市场需求为导向，在坚持文化遗产内容不被歪曲的原则下，对文化遗产进行数字化再创造，将其转化为能够在市场上合理、合法流通的文化产品，使非物质文化遗产在得到有效保护的同时，又能实现相关产业创新与发展，为其附加文化价值、增加产业价值。

从文化创意产业层面看，现代文化产业实质是产业族群，借助规模复制数字化技术，逐渐向传统文化遗产资源原创和保存的层面进行发展和渗透，整个过程在发展过程中基于知识产权。想要实现上述目标就需要建立健全的数据库，充分挖掘数据库的潜力和价值。基于当前时代，要充分挖掘非物质文化遗产中能够创造经济价值或提供产品内涵的内容，在此基础上与数字化技术进行紧密结合，提高产品的数字赋能，同时站在文化产业的思维角度，思考产品方向和定位。也就是结合市场需求，充分挖掘数据库中的相关内容和知识，利用数字化技术将数字内容进行转变，使其成为优质文化产品，并基于此设计文化产品，做好从原创到市场营销的产业流程，使其成为文化产业，创造更多的经济价值。非物质文化遗产所囊括的海量内容将成为文化产业的宝贵资源库。对非物质文化遗产而言，数字化技术为其提供强大的工具、方法和技术支撑，并通过文化创意产业独有的创意和展现形式，使非物质文化遗产获得保护、传承和展示的巨大空间，很多文化形态、文化业态可以为其注入更加强大的生命力，尤其是将非物质文化遗产与社会大众的文化需求相结合，这样有助于探索非物质文化遗产数字化保护与传承的有效模式。

从文化旅游产业视角看，旅游与文化进行紧密融合已经成为大势所趋，网络文化旅游更是成为新兴事物，越来越受人们的喜爱和青睐。一方面，可以通过数字化技术使旅游信息进行更加详细、透明的呈现，从而提高旅游效率和质量，提高游客的体验度；另一方面，可以加强对文化遗产旅游资源的有效挖掘和应用，通过相关技术构建虚拟空间，给游客提供多样化的服务，吸引众多游客参与。在虚拟空间中，游客能够及时了解不同对象所蕴含的历史意义或与之相关的文化故事，通过这种方式，既能获得好的旅游体验，又能增长知识储备。遗产叙事是一种非常特殊和新兴的表达方式，也就是说，遗产已经成为旅游的品牌，逐渐进入人们的视野中，成为大众消费的重要目标。遗产可能会促进各类群体思考他们的文化"根源"，也可以被旅游化、商品化，但旅游、商品等形式并不是遗产的全部，确切地说，是某种价值观和传统的代表。非物质文化遗产数字资源的有效挖掘和应用能够有效推动旅游业的发展，提高其附加值。文化旅游实际是对文化的感受和体验，更为重要的是文化本身所蕴含的内涵和所具备的价值。不管所采取的载体是何种方式，其根本和实质都是文化内涵的输出。从这一层面来思考，非物质文化遗产数字化的方式，能够有效地满足人们对于文化旅游的需求，有效保全非物质文化遗产的完整性。在开发过程中，应当充分进行调研和分析，选择合适的内容，以更好地满足产业发展的具体需求。基于信息内容产业视角的层面，文化遗产资源的数字化，能够为信息产业发展提供数据支持，提供丰富的内容素材，更好地助推信息产业的有效发展。同时，将文化遗产资源进行数字化的过程中，也能使文化遗产的魅力和价值得到充分挖掘，使其迸发出全新的生命力和活力。通过现代技术，能够有效整合文化内容中的生产和信息服务，比如通过微信等制定更有针对性的信息实时进行推送。文化遗产资源数字化和信息服务业是相互依存、相辅相成的关系。

从数字游戏产业视角看，以文化遗产为内容的数字游戏，不仅提升了游戏的文化品质，以形成新的消费热点和商业营利点；还通过游戏环节设置，使文化遗产更广泛和更深入地传播。年轻一代是数字游戏产业的主要消费群，也是传统文化复兴的主体。将文化遗产进行有效编码并正确地嵌入游戏中，以严谨的文化态度关注文化遗产信息的真实性和知识深度问题，促使游戏与文化遗产传播有机融合，引导新生代认知、理解与认同传统文化。

第四章　非物质文化遗产教育化传承的实现

本章为非物质文化遗产教育化传承的实现，主要介绍非物质文化遗产教育化传承的目的、非物质文化遗产教育化传承的方式、非物质文化遗产教育化传承的路径三方面内容。

第一节　非物质文化遗产教育化传承的目的

民族文化是民族在历史发展过程中所积淀和形成的具有民族气息和属性的文化，加强对其的传承与弘扬是提高我国文化自信心的重要基础和有效前提，也是推动文化产业进一步优化升级的重要途径。非物质文化遗产是民族文化的重要组成部分，是历史的见证和民族文化的重要载体，被誉为历史文化的"活化石"。从民族文化传承创新的实际情况看，面向教育所开展的非物质文化遗产传承保护工作势在必行。

民族文化传承创新必须充分突出职业教育的作用，让艺术与技术、文化与科学进行紧密融合，为民族文化传承与创新奠定重要基础，提供强有力的人才支持，进而更好地推动传统文化的保护和弘扬，也能在一定程度上更好地推动民族文化的长久发展，更好地优化和提升职业教育的质量和效果。

所有的教育活动都需要充分基于文化，只有这样才能确保教育效果和质量，发挥教育的作用和价值。而教育也是文化传承和弘扬的重要途径与有效载体，是推动文化进一步发展的重要途径。以下将对非物质文化遗产教育化传承目的进行详细剖析：

一、通过教育促进文化心理传承

民族文化的心理传承是文化传承中最为重要的内容,是形成民族认同感的重要前提和有效基础,也是文化产生过程中最不易被更改的内容。做好心理传承能够确保其他方面的传承更加顺畅。教育能够有效实现心理传承,为民族文化传承奠定良好基础。

二、通过教育促进文化保存与积淀

文化传承不管采取何种途径都需要人们能够理解并欣赏文化,只有这样才能充分呈现文化的价值和内涵,也才能使文化具有生命力,不被理解和认可的文化将失去意义和价值,也谈不上传承与弘扬。因此,必须加强对人的教育和引导,只有更好地了解文化、认知文化,才能更好地推动文化的传承和弘扬。同时,在教育过程中也能使文化得以沉淀和积累,从而推动民族文化传统的形成。

三、通过教育促进文化更新与发展

文化传承是不断发展和更新的过程,教育将极大地推动文化的发展与更新。

一是在教育过程中想要提高教育效果和质量必然需要对文化进行归纳、分析、整理,使其更具有系统性、条理性,让受教育者能够更好地了解和学习文化,在一定程度上也是对文化的保存与发展。

二是在教育过程中能够对文化进行筛选,取其精华去其糟粕。文化中所包含的内容非常丰富,有些内容可能对于受教育者而言没有太多意义或对受教育者有不良影响,在教育过程中势必需要进行剔除和批判,而文化中所囊括的对于受教育者有益或有价值的内容则会被选择性吸收,在一定程度上也能有效推动文化发展。

三是教育能够更好地推动文化交流和整合,在教育教学过程中能够使不同民族或区域的文化进行有效交流和互动,增强对不同文化的理解和认可,从而在一定程度上推动文化整体的发展。

总之,教育能够通过上述三个功能有效推动文化传承,推动文化进一步发展。

第二节 非物质文化遗产教育化传承的方式

非物质文化遗产教育化传承的方式主要有以下两个方面：

一、借助课堂教学保护和传承非物质文化遗产

学校对人才进行培养的重要基地是课堂，课堂也是学生吸收知识、学习知识的重要场所。因此，想要加强非物质文化遗产的传承和保护就必须使其进入课堂教学中，学校可以专门设置相关专业，选择合适的教学方式和教材，有效提高教学效果和质量。

想要传承和弘扬文化就必须具备高素质的人才队伍，为文化传承和弘扬提供有力的人才支持。因此，各地区应当充分考虑本地的非物质文化遗产情况，根据实际情形申请专业设置，特别是非物质文化遗产数量相对较多且较为集中的地区，可以设置对口专业，将其纳入教学体系中，从而有效提高人才培养效率，为非物质文化遗产的保护和发展提供源源不断的人力支持。设置新专业能够培养更高素质的综合人才，使人才具备较强的理论知识，对非物质文化遗产内容和现状有充分了解，可以提高人才在文化传承和弘扬方面所具备的能力。非物质文化遗产属于人类学、社会学和民俗学的范畴，学校在设置专业课程时也需充分考虑这一点，加强对课程内容的选择和设计，要有针对性地设置选修和必修两种课程类型，必修课的内容更加侧重于基础课，主要包括人类学、社会学等相关学科的理论知识，选修课则更加侧重于实践层面的内容，包括本地区非物质文化遗产保护现状及相关措施等。此外，非物质文化遗产的文化象征属性非常浓厚，是展示地区风貌的重要载体。因此，需要充分组织各方面的专家和学者，对教材进行严格把关和设计，将本土的曲艺说唱、皮影、剪纸等相关内容纳入教材中，丰富教材内容，提高学生学习的积极性和主动性，也能更好培养学生对非物质文化遗产的学习热情和传承积极性。新的课程需要新的教学方法，要充分结合非物质文化遗产的具体情况，设计更加科学、合理的教学方式。比如，可以组织学生到传承人家中进行走访，了解传承人对非物质文化遗产的理解和认知，更好感受非物质文化遗产的

魅力，感受传承人对文化的崇敬和信仰。再如，可以组织学生到田野开展调查，在实践中感受非物质文化遗产的魅力，感受文化所蕴含的价值；还可以组织非遗技艺交流会等相关活动，给学生展示的机会和渠道，提高学生的学习热情。此外，还可以通过微博进行教学。教师可以将教学内容上传到微博中，学生可以根据教师的指示和引导在微博中及时学习。网络中关于非物质文化遗产的信息和资源也相对较多，教师可以及时对好的内容进行转载，拓宽学生的知识面，加强其对非物质文化遗产的全面了解和学习。同时，学生可以将自己对非物质文化遗产的了解和认知以及在学习过程中的心得和体会及时上传到微博中，这些内容将成为学生学习的记录簿，增强学生学习的成就感。

提高非物质文化遗产教学效果和质量还应当构建优质的人才队伍，更好地加强研究和教学。学校应当积极引进优质人才，提高师资力量，比如高水平的传承人或专家等，给学生带来不一样的学习体验，也能帮助学生从不同层面加强对非物质文化遗产的了解和认知。学校还应当积极输送优秀教师到各地开展学习，了解各地在非物质文化遗产教学方面的成功经验，从而提高专业能力和教学水平，给学生提供更好的教学服务。学校还应当加强与地方政府之间的沟通和交流，通过相互合作推动非物质文化遗产的保护和传承。学校和政府可以共同合作打造学科建设基地或者建设研究中心，学校也可以借助自身的优势构建信息咨询平台，为地方政府提供信息咨询服务，加强与其他团体和社会力量的合作，充分挖掘非物质文化遗产的作用和价值，使其更好地推动经济社会发展。学校教师也要积极承担起自身的职责，发挥自己的力量，积极投身到学术研究中，加强对非物质文化的了解，特别是非物质文化的相关定义、内涵，深入挖掘非物质文化研究和学习的意义，分析对于非物质文化遗产进行保护和传承的好的途径，从而从理论层面给予一定的指导和帮助，更好地推动非物质文化遗产保护工作的开展，也使非物质文化遗产能够在新时代继续传承和弘扬。同时需要加强对相关专业的研究，特别是针对在高校课堂教学过程中引入非物质文化遗产的问题提出好的建议，包括所使用的教材、在教学过程中所采取的教学方式，以及科学、合理的课程设置等，从而更好地指导教育教学，使教育教学发挥其应有的作用和价值，真正让非物质文化遗产资源成为教育教学资源中的重要组成部分。这种方式,既能够有效丰富学校的教学内容,使学校承担起教书育人的职责、肩负起文化传承社会服务的使命,提高学校的形象,获得良好的声誉;也能使学校的师生都正确理解和认识非物质文化遗产、深刻了解非物质文化遗产所蕴含的重要价值,在日常学习和教学过程中加强对非物质文化遗产相关内容的重视,从而转变师生的观念,对民间民族文化有正确的理解和认知,提高社会责任感和使命感,在学习和工作过程中能够自觉维护非物质文化遗产,通过自己的实际行动感染和影响更多人。

二、借助校园文化活动保护和传承非物质文化遗产

学校应当充分抓住自身在人才培养方面所具备的先天性优势,围绕审美教育这一中心,充分结合非物质文化遗产资源,搭建传承人与师生之间互动和沟通的桥梁,通过开展交流活动、展演活动等,更好地培养人才,提高人才的综合素质,为非物质文化遗产的传承和保护工作奠定良好的基础。

首先,学校应当多组织开展与非物质文化遗产相关的文化活动。学生只有多接触与之相关的文化活动才能更好地了解非物质文化遗产的魅力,为非物质文化遗产的传承和弘扬奠定坚实基础。一方面,学校应当积极筹备多种多样的文化活动,并为文化活动的筹办提供有力的资金支持。比如,可以批准建立与之相关的社团或引导学生参与相关的文艺节目等,通过这种方式能够更好地扩大非物质文化遗产的影响力,也能让更多的学生了解非物质文化遗产。另一方面,学校应当提供必要的支持,如提供活动开展的场所、牵头组织学术讲座等,通过这种方式能够更好地加强学生的非物质文化遗产保护意识,帮助学生树立正确的观念。

其次,鼓励学生多参与非物质文化遗产演练学习。学校可以邀请传承人到校与学生进行面对面互动和交流,可以现场表演相关技艺,或为学生的节目进行指导,使学生的节目更具有专业性。通过这种方式,能够使学生近距离接触非物质文化遗产,对非物质文化遗产有更深刻的了解和认知,培养学生对非物质文

遗产的兴趣和热情，为非物质文化遗产提供进一步发展的土壤。同时，学生还可以直接参与其中，由传承人进行指导，让学生把握非物质文化遗产的特点，学生在参与过程中能够有效提高自身的动手实践能力，还能更好地感知非物质文化遗产的魅力，获得更多成就感。学生若在参与过程中发现对非物质文化遗产有浓厚的兴趣，也有可能会影响学生的未来发展方向，成为非物质文化遗产传承和弘扬的主力军之一。学生还可以将自己的经历撰写到微博中，成为不一样的记忆。

最后，引导学生参与调研和创新性试验计划研究。学生是祖国的未来，是民族的希望，是文化传承和弘扬的重要力量。学生必须树立起高度的责任心和使命感，主动承担传承和保护非物质文化遗产的重任。在我们身边，有很多非物质文化遗产，如春节、祭祀、婚俗等民俗，这些都是在中华民族漫漫历史长河中所形成的灿烂文化，也是代代相传的习俗。高校应该组织大学生文化采风队，到农村去，到少数民族地方去，到偏僻地区去，进行实地田野考察，用录像、摄影、口述、笔录等方式收集各地非物质文化遗产资源，在老师的指导和学校经费的支持下，申报相关课题，开展创新性试验计划研究，通过查询文献、设计课题、独立论证，进而解决非物质文化遗产保护与传承中的部分理论与实践问题，培养学生的综合素质。

第三节　非物质文化遗产教育化传承的路径

非物质文化遗产教育化传承的路径主要有以下几个方面：

一、建设教学资源库

以非物质文化遗产作为重要的资源载体，通过政校合作共同构建教学资源库，通过现代信息技术，提高资源库的容量，实现资源共享，使之成为有效的教学资源，提高教师的教学效率，提高学生的学习效率，借助科学、合理的教学模式更好地将非物质文化遗产的保护和传承与人才培养连接起来，实现教育教学目标，提高非物质文化遗产的影响力，扩大其受众群，为非物质文化遗产的传承培养优质人才。

（一）教学资源库的建设目标

1. 创新非物质文化遗产传承创新的人才培养模式

系统设计要充分基于提高职业技能这一目标，围绕非物质文化遗产建设相关项目，开展项目教学，优化教学方式，制定科学、合理的评价体系，优化评价指标，提高人才培养水平，探索更符合中国国情的民族文化职业教育规律。

2. 建设与之相关的数字化教学资源

要积极搭建素材中心，提供海量的素材供于参考；搭建资源转换中心，提高资源转换效率；搭建交流中心，提供沟通、交流的渠道和平台，便于相互交流、相互促进；搭建创作转化推广中心，积极鼓励创新创作。通过搭建上述平台或中心，能够让更多人了解与之相关的资源，并借助这些资源开展相关研究或交流活动，真正发挥资源的作用和价值。

3. 推动相关产业与教育的对接

分析不同项目的风格特点和共同属性，更好地把握其所蕴含的商业价值，将生产工作与教学过程进行紧密融合，积极推进民族文化产业和教育活动的相互沟通与合作，从而更好地推动文化产业的进一步发展。

4. 搭建非物质文化遗产的学习、交流与传播平台

为国内专业人士创意设计和传统文化应用创新、其他社会学习者自主学习以及向国际传播中华传统文化提供专业化的教学资源服务。

（二）教学资源库的建设原则

1. 资源开发，标准先行

资源开发要依托于开放高效的技术平台，对资源进行有效标识。想要更好地发挥平台的作用和价值、发挥资源的作用和价值，就必须建立明确、合理的标准，只有这样，才能使教学资源库更有条理性、更加规范、更加科学，也才能真正发

挥教学资源库的作用和价值，提高教学资源库利用效率。需要充分结合教师标准对相关素材资源进行整理和划分，不断提高其科学性和规范性；要结合职业标准，将其转变为教育教学资源，充分发挥数字媒体技术的作用和价值；要结合教育规律，对课程建设体系等制定科学、合理的标准；要结合行业规范，对产品及作品进行有效开发，并充分结合市场化的大环境及行业规律，将其转变为商品。想要做到上述内容还需要制定指导性文件，对相关工作进行科学、有效的指导。

2. 注重教学，整体推进

要使资源成为教学的有效辅助，要充分利用素材中心的相关资源，并借助教学标准对其进行有效设计，具体到每门课程，从而更好地服务于教学活动。通过加强院校民族文化类专业建设，推进民族文化传承与创新，培养符合民族文化产业需要的高素质技术技能人才，整体推进全国院校艺术设计类专业的教育教学改革。

3. 整合开发，多点支撑

通过集群技术等方式，提高并发处理能力，确保系统能够更好地支持多人共同使用。通过移动及网络技术，优化互动交流和学习社区，有效提高交流的效率，在相互交流中共同成长和进步。结合碎片化的学习特点和理念，对资源进行有效分解，充分结合学生的学习习惯和学习需求，对教学资源进行优化和设计，也为资源整合提供指引和方向，从而更好地完成资源共享，提高资源利用效率。

4. 资源推送，个性服务

充分考量社会学习者、学生等不同角色在应用过程中的不同需求，打造通用性建设规范，提供通用性功能模块，更好地满足不同角色的具体需求。同时，本校专业或不同区域的学校，可以根据需要，智能化提取同一等级的不同资源推送给不同用户，满足不同用户的个性化服务需求，实现资源"为我所用"。

5. 服务产业，重在创新

面向教育，面向文创及相关产业，传承国家非物质文化遗产，创新作品向产业转化，服务民族特色产业、文化产业的转型升级，提高民族文化产品的附加价值与国际竞争力。

6.动态更新，持续发展

构建教学资源开放性建设机制，使不同学习者在不同区域都可以观赏到优秀教师的课程或教学内容，享受优质资源，提高资源共享。及时对资源进行优化和更新，以确保教学资源库的先进性和高效性；及时对技术进行更新，提高教学资源库的运行效率。建立健全资金保障机制，为教学资源库的优化和运行奠定良好基础，设置专项资金用于项目实施和推广。通过上述方式能够有效确保教学资源库正常运行和维护，持续发挥应有的作用与价值。

（三）教学资源库的建设思路

1.创新机制，"政校企行"合作

在文化和旅游部"非遗"司的大力支持下，按照"百城百校""旅游商品产学研联盟"模式，联合各地优势院校和行业企业，协同合作共同开发资源；结合行业规范，建立健全资源采集标准，确保资源的使用率；建立健全激励机制，有效引导和鼓励创新，构建课程建设、教学资源转换等模板机制。

2.深入调研，确定用户需求

要加强调研，充分了解不同行业、不同岗位对于工作人员的具体要求，包括工作人员需要具备的素质或掌握的技能等，在不违背教学规律的基础和前提下，要充分结合岗位的实际情况、结合对人才的需求情况、结合所处的社会环境和背景，设置"平台＋模块"的课程体系，确保培养出的人才能够具备"普适性"的综合要求，也能兼具"特色化"的属性特征，满足不同岗位的具体需求。要充分结合执业标准等，借助现代信息技术，将非物质文化遗产资源进行有效转化，形成数字化的教学资源，侧重提高学习者的综合素质、提高学习者的专业技能和知识储备，从而更好地确保数据资源库的科学性与合理性，提高资源建设的有效性。

3.研发创新，整合优势资源

要充分调动各方力量参与的积极性和主动性，要积极吸纳优秀的传承人，使其投入资源建设中，用自己所掌握的"原汁原味"的内容充实和丰富教学资源库，提高资源的科学性与高质性。要积极吸纳优秀企业使其投入资源建设中，了解和学习新兴技术工艺，将创新成果融入专业课程中，让学生能够及时了解最新的研究成果，获得更高效优质的教学内容，也能有效提高教学资源库的先进性。

4. 项目管理，构建长效机制

实施项目管理，构建资源库运行管理机制。要确保各个主体之间的沟通和合作，实现资源共享，在共享中互惠互利，从而形成良好的循环机制，提高资源库运行效率。加强对资源库的监控和管理，尤其要注重对知识产权的有效保护，明确在资源建设过程中各主体应当承担的责任和享有的权利，要充分推动用户建设者等的相互合作。要建立健全更新机制，教学资源库的建设并非一成不变的，而是需要随着时代的发展不断进行变迁，需要及时进行有效更新，对过时的信息资源及时进行剔除，更新最新的理论和相关知识，只有这样，才能确保资源库的先进性和科学性。

（四）教学资源库的建设规划

1. 组建开发团队与指导团队

对资源库进行建设规划需要高质量的建设团队。应积极引入高校教学骨干，这部分人具备较强的理论知识和专业水平，能够在建设过程中提供有力的支持。也应当积极引入行业企业的优秀骨干，这部分人具备较为丰富的实践经验，能够与院校骨干相互合作、相辅相成，共同提高资源库建设效率和质量。政府相关部门及专家应搭建指导小组，对建设团队的具体工作开展进行指导和帮助，从而确保项目建设更加顺畅开展。

2. 确定主线和建设流程

要明确建设目标是为了更好地培养高素质的传承职业人才，为非物质文化遗产的传承和弘扬提供后备力量。要严格遵循科学、合理的建设流程，要先开展调查研究，做好信息收集和分析，在做好充分准备的前提下进一步开展开发建设，在建成之后需要投入使用，在实践应用中检验开发建设的效果和质量。将实践应用中收集到的具体信息进行分析，找到存在的不足和需改进的地方，进行及时优化和完善，将完善后的资源库进行广泛推广，扩大其影响力和受众群。要充分围绕课程建设这一主线,做好科学规划,通过多种途径共同推动建设目标的发展和完成。

3. 顶层设计和系统建构

面向受众群、文化创意产业、职业教育,结合文化遗产保护、传承、创新的具体流程,围绕教学学习交流转化平台的根本任务,做好非物质文化遗产的传承工作。

4. 建立资源建设和开发标准

要严格按照开发标准,对资源库进行有效建设;要严格按照相关要求和标准,对资源进行开发;要充分结合行业技术规范,对素材收集进行明确规定和要求,确保素材收集的科学性和有效性;要严格按照行业企业标准,对资源开发进行规范和设计,确保资源开发的科学性;要严格按照教学规律,对教材编制课程设计进行规范化和科学化开发。

5. 建立普适性和个性化结合的课程体系

充分开展调研活动,为课程体系建设提供指引和方向,搭建"平台＋模块",更好地培养人才的综合素质、技能水平,加强对不同模块的开发和应用,如专业技术方向的相关模块或通识方向的相关模块,从而为学习者提供更有效的服务,也能更好地培养综合性人才,使其满足普适性的行业岗位要求和针对性的行业岗位要求,提高人才培养效率和质量。

二、打造民族文化学、研、产、用一体化多元平台

为保障非物质文化遗产传承创新的长效性,"政校企行"需要合作搭建一系列民族文化学、研、产、用一体化的多元平台,助推非物质文化遗产与民族文化的发展。

(一)打造传承技艺工作平台

以国家级或省部级的非物质文化遗产技艺传承人为引领,与相关企业进行合作,将周边的相关行业资源整合起来,再以工艺美术大师为核心,建立大师工作

室。把非遗项目融入校园文化，让大师们走进课堂，传授技艺，共同构建和完善大师工作室的运行管理机制。这样，不仅能保障民族文化的传统技艺得到传承，还能推动创新设计和开发，培养文化创意设计方面的专业人才和青年教师。同时，邀请行业企业的工艺大师和高级技术人员进入校园，建立产品研发、技术服务、人才培养的长期机制，以继承和发扬传统工艺。探索现代学徒制的传承模式，旨在培养具备创意能力、设计能力、研发实力和市场洞察力的高素质技术技能型人才。传承是保护性学习的一种形式，让工艺大师入驻校园，采用专家授课的方式，使师生与工艺师和技师共同学习和掌握完整的传统工艺技艺与流程。创新则是开发性学习的体现，在吸收民族文化工艺的基础上，提取传统形式中富有民族文化精神的元素，结合计算机辅助设计，创新设计出具有时代特色的民族文化产品。积极推动传统工艺的研究与发展，使非物质文化遗产、祖国优秀传统文化、独特的传统技艺得到更好的保护、传承、创新和发展，让中华传统文化不断绽放新的光彩。

建设国家级非物质文化遗产传承创新实训基地，形成集教学实训、传统技艺传承、技能鉴定、研发文创产品等功能于一体的教科研发中心。现代部，精确评估管理每个设计专案；传统部，传统手工艺与数字技术结合，传承与创新民族文化，扩展与深化文化内涵，涵盖金属、木艺、陶艺、传统印刷、纤维皮革工艺、包装工艺等，为民族文化传承创新设计提供设计制作平台。

（二）打造教育合作机制平台

由知名企业和院校牵头，对接当地文化名城，开展文化创意设计教育，发挥各地优势和特点，传承民族文化。针对各高校所在城市的国家级非物质文化遗产项目，运用高校创意工作室机制，在实训环节、毕业作品设计阶段进行非物质文化遗产项目的数字产品、动画、漫画、影视、广告、手工等方式的创作。通过参加传承人的讲座，深入研究相关资料，挑选适合的创作手法，并将自己的思考融入其中，创作出蕴含中国传统文化元素的作品。

(三)打造教育传播服务平台

与相关行业协会携手,共同建立中国非物质文化遗产教育传播中心。鉴于当今互联网学习时代的特性,让非物质文化遗产通过数字手段深入校园、课堂和教材,创新非物质文化遗产的保护与传承模式,开辟民族文化应用传播的新渠道,强化优秀民族文化的教育与实践,培养民族文化传承创新的接班人。

(四)打造政校企行联动平台

综合旅游产业、文创产业等相关的政府、行业、企业资源,构建一个高端的"旅游商品产学研联盟"平台。将非物质文化遗产项目融入校园,确保民族文化的传统技艺得以传承,并推动文创产品的设计与开发。完善"联盟"的运行机制,以实现各方的深度合作。同时,建立专业的教学实训基地,以培养文化创意设计方面的专业人才和青年教师。借助全国创意大赛项目,深入探讨院校相关专业的建设,进一步传承民族文化的传统技艺。通过这一系列举措,形成旅游商品产业与设计创意、教育培训的协同发展网络。构建一个展示、交流旅游商品策划方案、项目成果、个人成就和创新理念的平台,将创意转化为实际的产品,并推动民族文化资源的市场化开发。

聚合当地与周边旅游产业、文创产业等相关的行业、企业资源,聘请优秀的中国工艺大师入驻校园,以专家授课的形式让学生与工艺师、技师们学习传统工艺技艺和流程,领悟中国历代艺术风格和民族精神。

(五)打造市场化开发机构平台

联合文创企业共同打造文化创新产业联盟,整合资源、加强产业协作和产业融合为目标,以创新发展为主线,以提升产业竞争力和实力为核心,积极整合政府、企业、高校、科研等多方资源,充分发挥集聚效应,推动文化创意产业体系建设,优化升级文化艺术、广播影视、新闻出版三大传统行业,壮大广告会展、艺术品交易、设计服务三大优势行业规模,把握文化与其他领域融合化发展趋势,推动文化与科技、文化与金融、文化与其他产业多元融合发展,努力促进文化创意产业快速发展。

三、创新教育教学模式

为了更好地传承传播非物质文化遗产，在教学资源库项目建设与实施过程中，需要形成一套行之有效的教育教学模式和方法。

（一）"双轨交互并行"项目教学模式

1. "双轨交互并行"项目教学模式概述

"双轨交互并行"项目化教学模式是基于校企合作而提出的一种全新的项目实战教学模式，核心是将企业的真实项目执行过程与学校仿真项目教学过程交互并行执行。"双轨交互并行"教学模式是A、B双轨在同一时间段内，针对同一个真实项目进行设计。在"并行"环节，A轨是指有企业设计师真实执行某种项目，B轨是指学生在教师指导下进行仿真、真实项目设计；在"交互"环节，A轨中的企业专业人士和B轨教师分别从行业和教学的角度，以"讲解""示范""点评""问答"等方法来指导学生。学生在教师的指导下与A轨同期完成工作任务。如图4-3-1所示。

"A、B双轨交互并行"项目教学（光盘设计制作项目）

A轨：来自企业的项目总监及设计师担任兼职教师

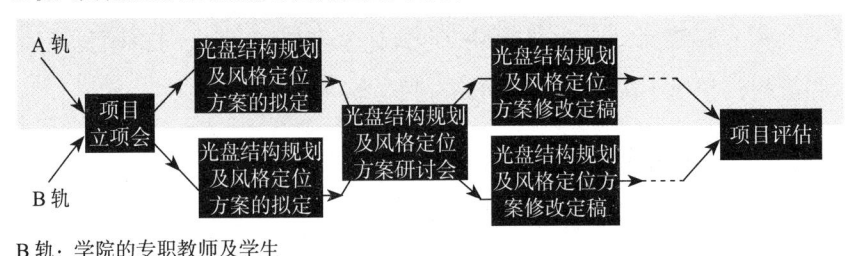

B轨：学院的专职教师及学生

图4-3-1 "双轨交互并行"项目教学模式示意图

2. "双轨交互并行"项目教学模式的特征

通过"双轨交互并行"项目教学模式，优化"双师结构"的教学团队，给学生创造出真实的工作情境。在实际项目驱动下，将项目运作和教学紧密结合，实践与学习融为一体，并可使专业人士和专职教师扬长补短，实现行之有效的工学结合，使学生在基于工作过程的真实流程和进度要求中，具备某一特定领域的专业能力、实践能力和社会能力，得到符合行业标准的职业能力锻炼。

采用"双轨交互并行"项目化教学模式有如下优点：

第一，避免纯粹由学生承接真实项目造成不能达到客户要求而延误设计工期的弊端。

第二，学生在跟进项目的同时，可以向设计师学习行业经验，为进一步顶岗实习奠定良好的行业基础。

第三，双轨指导教师在指导学生进行项目设计的同时，通过案例分析、启发引导、项目点评等方式，启发并引导学生在做项目的过程中总结设计方法及相关的设计理论。

第四，便于对学生进行形成性评价，推动教师点评、学生互评、行业参与评价的评估机制。

学生在专业人员组成的项目团队带领下，以 A、B 组双轨交互并行运作的方式，完整经历项目的全过程，通过与培养目标一致的各类综合、复杂的工作任务的实战锻炼，使职业能力接近目标行业专业人士的基本标准。

通过"双轨交互并行"项目教学，学生应该达到：

（1）专业能力

能够领会和掌握客户及项目需求，能够进行信息结构的分析与光盘结构规划，能够对交互产品进行总体风格创意和风格把握，能够进行交互产品的界面设计，能够分析用户习惯（用户体验），能够完成交互功能的基本策划和技术方案的选取，能够进行简单交互功能的设计制作，能够进行片头动画的创意、设计与制作，能够掌握多媒体产品的数据整合方法，能够合理选用和处理多媒体素材，能够在同一平台上整合多种媒体，能够分析界面布局的合理性，能够综合运用设计工具、方法与技巧。

（2）方法能力

能够熟练掌握项目运作流程，能够对相关资讯和素材进行收集、整理、分析与借鉴，能够策划、撰写并清晰阐述方案，能够通过头脑风暴的方式激发创意，能够综合且灵活运用专业知识和经验，能够掌握与运用相关行业规范，能够进行创意性思维,能够合理制定工作计划和对进度进行有效管理,具备观察与逻辑思维能力,能够在工作过程中自主学习。

(3)社会能力

能够及时并充分理解工作相关的口头和文字信息;能够利用语言、文字清晰并有说服力地表达工作相关的意见与建议;能够有效地与团队进行合作(沟通、包容、互补、激励);能够合理地组织与协调,并有效地执行工作任务;能够适应工作任务的各种不同需求;具备一定的竞争意识;具备职业道德和敬业精神。

"双轨交互并行"项目教学模式,其任务和目的是以学生为主体,让学生切实参与到"真实项目"的工作中,在来自企业的专业人士组成的项目团队带领下,使学生完整地经历项目的全过程。通过实战锻炼,使其职业能力基本达到行业标准,为进入社会打下坚实的基础。

3. "双轨交互并行"项目教学模式具体实施

在教学过程中,A组根据工作任务及进度要求,按照企业典型的运作流程执行项目时,根据教学设计,将B组学生按照项目特点和教学效果分成小组,指定岗位,同A组设计人员一样接受工作任务,严格按照同样的流程、规范和要求,完成各阶段的项目设计草案、初稿、修改稿,直至完成稿。

根据项目运作流程,需要召开内部研讨会时,A、B组人员应同时参加。A组教师除在会上按照项目运作常规,进行方案阐述、审议和其他相关工作研讨沟通外,还应根据预定程序,结合项目实际及对比A组方案,点评和指导学生的方案,并通过互动的答疑和讲解,向学生传授相关专业能力和工作方法,介绍相关专业工作流程和规范。

在具体设计制作工作中,由B组教师负责学生设计制作实践的协调、辅导、工作态度、纪律的督导,以及进度、质量的监控,保证学生以近似正式员工的状态,切实地去体验和适应课程预定的专业工作情境。A组项目负责人根据需要,向B组指导教师进一步说明B组学生的阶段性工作任务;流程员除监控A组专业团队的运作,同时对B组各小组的进度及规范化运作进行检查与反馈,并根据B组学生"项目进度记录表"中阶段性的子任务时间节点,按时收集汇总B组学生的工作结果,并交给 A 组主设计师。A 组主设计师如检查时发现 B 组学生的阶段性工作结果有重大偏差,则及时向 B 组指导教师反馈,以便其指导学生更正;倘若学生们的设计方案在项目中被真正采纳的概率较低,教师仍应鼓励学生依照未来真实工作的职责和状态,发挥各自的创意,以此为依据去尽力实现。倘若确实有学生的设计很有创意或制作技术接近工作水平,A 组教师也应积极吸收和采用他们的创意思路,并和 B 组指导老师共同研讨确定,将该学生调入 A 组,作为设计师的助手进行"顶岗实习"。

(二)"六艺"贯通人才培养模式

为深化"工学结合、校企合作"的人才培养模式改革,可以采用民族文化传承"六艺"贯通教学模式。保护、传承、学习、创新、传播、应用"六维"融合共促非物质文化遗产发展,专业守艺、大师传艺、学生学艺、师生用艺、社会展艺、多方弘艺"六艺"贯通,共育民族文化传承职业人,实现专业人才培养与非物质文化遗产传承对接,促进非物质文化遗产继承的群体化,使民族文化创新应用能力和人才培养质量得到显著提升。如图 4-3-2 所示。

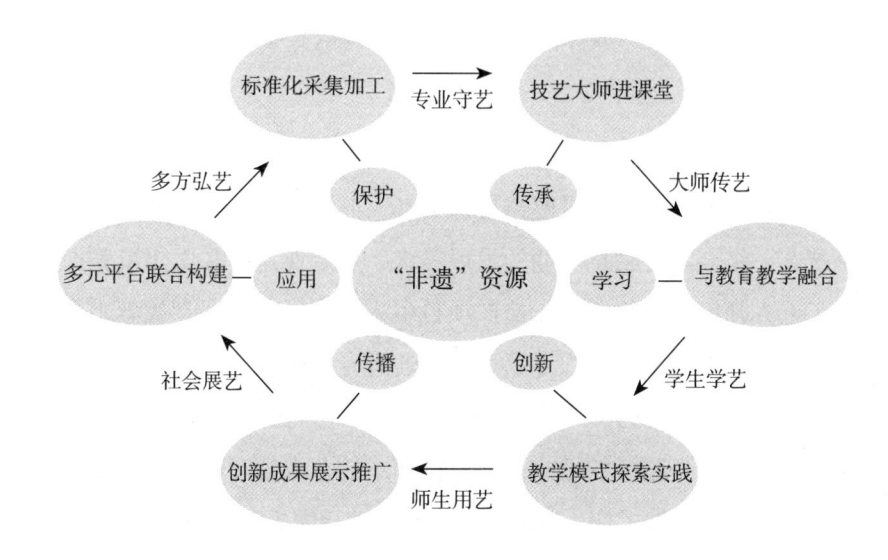

图 4-3-2 "六艺"一体教学模式简图

1. 专业守艺

"非遗"标准化采集加工，为民族文化保护——专业守艺。

（1）遵循行业企业规范，采集"非遗"素材

运用相关的数字技术手段，对"非遗"素材进行采集和加工。这些素材包括国家级、省级传承人或技艺大师通过口传心授传承的手工技艺，珍贵的工艺作品和相关资料，及原料稀缺、濒临消失的"非遗"种类。与专业企业合作进行开发，按照相关行业规范标准进行处理和后期制作。资源库中的所有文献需进行标准化整理，图片资源需兼顾浏览和印刷需求，视频和动画应能跨媒体播放。

（2）"非遗"素材整理加工转化，方便不同用户学习与领悟

合理利用并传承发展非物质文化遗产，将保护与传承同开发利用相结合，把丰富的非物质文化遗产素材资源转化为文化产品。这主要包括：为青少年和儿童设计的动画体验，为感兴趣的爱好者提供多媒体产品介绍，为初学者制作电子书展示，为专业学习者开发专业课程、技艺培训课程以及微课程，针对移动互联网，推出微信平台、App互动产品、电子读物等。通过这些方式，全方位、跨平台、全媒体地向不同用户展示非物质文化遗产技艺，与教育和社会各界共享这些资源，深刻领悟传统文化的精髓，为保护民族传统文化贡献专业力量。

2. 大师传艺

技艺大师深入校园课堂，为民族文化传承播撒种子——大师传艺。

技艺大师走进校园，开展讲座与授课活动，向学生们传授深厚的传统文化知识和精湛技艺。结合文化创意产业的发展需求，及专业建设和文化素养提升的目标，特邀工艺大师们将非物质文化遗产项目引入校园，融入课堂教学之中。针对职业教育和继续教育领域，组织专题讲座，通过专业的教学方式，将传统文化知识和传统技艺传授给学生们。

为巩固和传承这一独特的模式，我们创建了技艺大师工作室。大师们深入参与艺术设计专业群的建设工作，协助制定专业人才培养方案，构建专业课程体系，参与开发核心课程及实践教材。他们还致力于现代设计理念与传统工艺创新方法的课题研究，共同完善"大师工作室"的运行管理机制。这一举措旨在保障民族

文化传统技艺的传承，培养具有文化传承使命的职业人和青年教师。

3. 学生学艺

与教育教学紧密结合，致力于民族文化的传承——学生学艺。

（1）开发教学案例，促进教学实践化

将师生优秀作品转化为教学案例，包括教学任务指导书、实施说明和过程文件包。同时，从创意来源、设计过程、工艺过程和成品展示四个方面开发企业案例。这些案例将为非物质文化遗产传承教育、教学提供有益的参考，为学生提供生动鲜活的教学资源，促进教学实践化。

（2）融合互联网与课程，实现全方位贯通培养

将传统文化与课程相融合，开发适合学习者自主学习的结构化专业课程。同时，针对非物质文化遗产技艺的传承与创新，开发包含文化内涵、艺术特色和技艺实践三个模块的技艺培训课程。此外，还要开发专题设计明确、技术手段细腻、专业知识深入、教学设计完整的微课程。结合网络课程纸质教材、"非遗"项目赏析丛书和移动互联网平台电子书，实现课上利用传统网络系统学习与课下利用移动互联网碎片化学习的全过程贯通培养。

4. 师生用艺

推动产、学、研、用一体化进程，助力民族文化创新——师生用艺。

（1）举办技能竞赛，促进"政校企行"协同创新

结合当地传统文化元素，设计独特的竞赛主题，凸显地域文化特色。参与或组织技能大赛，通过这一平台，促进学校与区域经济的联动与互动。探索"政校企行"四方共同参与的文化育人创新机制，推动各方资源的有效整合与利用。

（2）与师生创作相结合，推动作品市场化转化

采取课上与课下相结合的教学模式。课上由大师传授技艺，专业教师采用理论与实践相结合的教学方法，共同对学生进行传授和指导；课下则以项目小组为单位，学生在教师指导下自主创作，围绕真实项目展开研讨与开发，推动作品向市场化方向转化。

（3）与教师科研相结合，深化应用研究领域

将非物质文化遗产的应用与教师科研相结合，通过教师的深入研究，推动其在应用研究领域取得更深入的进展。这为民族文化的传承与创新提供了理论依据与技术支撑，促进了民族文化在现代社会的持续发展与创新。

5. 社会展艺

创新成果的展示与交流，为民族文化传播搭建平台——社会展艺。

（1）结合学生社会实践，增强对非物质文化遗产的认识

将非物质文化遗产的体验活动与学生社会实践、创新创业实践相结合，并与大学生思想政治教育相融合。通过在校园内的推广与在社会上的传播，让学生成为民族文化保护传承的重要力量，以及推动民族文化创新传播的关键角色。这种结合不仅促进了学生的自主学习意识和参与意识，还提高了他们对非物质文化遗产与传统文化的认知自觉性和自信心。

（2）参加大型展览展示会及交流会，推介民族文化传承创新成果

大力弘扬基于非物质文化遗产的民族文化，向社会推介民族文化传承创新成果，积极参加展览、展示会，提高社会效应；与公司开展文创产品开发与市场推广活动；与多种非物质文化遗产签订创新设计及衍生品开发协议，挂牌建立校外实训基地；等等。

6. 多方弘艺

构建多元化应用平台，为民族文化发展——多方弘艺。

"政校企行"联动，搭建民族文化传播、传承、转化、开发等多元平台，为民族文化发展多方助力。一是基于国家级职业教育民族文化传承与创新教学资源库，联合院校、企业、机构，构建教学资源建设平台。二是以国家级非物质文化遗产技艺传承人为带头人，并与企业进行合作。三是开设艺术类专业的院校，对接当地文化名城及非物质文化遗产项目，发挥各地优势和特点传承民族文化，开展文化创意设计教育，构建教育合作机制平台。四是面向文化创意产业，整合专家与协会相关资源，组建"旅游商品产学研联盟"，形成旅游商品产业与设计创意、

教育培训协同发展网络。五是联合文创企业共同打造文化创新产业联盟，不断整合区内、外文化创新产业力量，构筑创意产业集群、园区及创新空间发展的合作平台。加快文化元素与产业的研发、设计、营销等环节的融合、融入，推动文化创意教育、产业与科技等其他产业融合发展，助力文化创意产业协调发展。

第五章　非物质文化遗产的传承发展创新探析

本章为非物质文化遗产的传承发展创新探析，主要介绍乡村振兴下非物质文化遗产的传承发展、品牌设计下非物质文化遗产的传承发展、文旅融合下非物质文化遗产的传承发展、数字化时代下非物质文化遗产的传承发展四方面内容。

第一节　乡村振兴下非物质文化遗产的传承发展

一、乡村振兴与非物质文化遗产的内在联系

党的十九大报告首次提出了实施乡村振兴的新战略，这一战略将推进农业农村现代化，是指导新时代中国农村改革的重要方针。中国，作为历史悠久的农业国，乡土文化是其文化根基。非物质文化遗产大部分形成于农耕时代，如今却面临工业化、城镇化带来的挑战。因此，乡村振兴不仅是解决农村现实问题的回应，也是推动社会主义建设的重要目标。

乡村振兴战略不仅关注农民的物质生活，也重视他们的精神文化需求。非物质文化遗产作为乡村的"魂"，具有独特的经济和文化价值。在乡村振兴的过程中，我们应该充分发挥非遗的作用，推动其与现代文化融合，使其成为乡村振兴的精神支柱。同时，我们还需要加强非遗的国际传播，让世界更好地了解中华文化的魅力。

非物质文化遗产作为中华民族传统文化的重要组成部分，承载着民族精神和历史记忆。保护和传承非遗就是在弘扬民族优秀传统文化，增强文化自信。在乡

村振兴的背景下，我们应该更加重视非遗的保护和传承，为实现中华民族伟大复兴的中国梦贡献力量。

二、非物质文化遗产对乡村振兴的意义与价值

（一）非物质文化遗产对乡村振兴的意义

非物质文化遗产保护是乡村振兴的必然要求，也是推动乡村振兴战略实施的关键环节。在乡村振兴战略的框架下，非物质文化遗产保护的时代价值更加凸显。

1. 提高乡村建设主体的凝聚力与主动性

农村地区的独特非物质文化资源，彰显着其特有的文化内涵，是当地居民集体智慧的结晶，也是维系乡土情感的纽带。非物质文化遗产不仅是身份识别的外在表现，也是群体文化记忆的特殊载体。非物质文化遗产的文化认同机制能激发农民在追求美好生活的过程中的凝聚力，提升乡村建设的主动性和创造力。

2. 为农村产业发展提供丰富资源

产业振兴是推动乡村振兴的核心动力和基础支撑。要实现农村产业的蓬勃发展，必须优化产业结构，促进产业间的深度融合。非物质文化遗产资源丰富多样，蕴含了深厚的历史、文化、艺术、科学和社会价值。这些宝贵资源的多功能性为乡村产业的融合提供了得天独厚的条件。通过有效利用非物质文化遗产资源，不仅可以推动农村传统产业的绿色高质量发展，还能促进第一、第二、第三产业的有机融合，进而形成非遗资源开发的产业链，提升产业集聚效应，发挥规模优势，为农村发展开辟更广阔的空间。

3. 建立和维持农村公共道德

在长期的共同劳动和生活中，人们逐渐形成一系列村规民约和节庆习俗，这些传统在调节人际关系、维护社会秩序方面扮演着重要的角色。传说故事、民俗和民谣等文化形式，不仅传递着协作互助、尊重劳动、分享精神以及爱国治家等美德，还蕴含了交往原则、处事态度和集体诉求。这些传统文化元素对于农村公共道德的建立和维系具有深远的影响。

4.推动乡村文化发展

《乡村振兴战略规划（2018—2022年）》中提出，要繁荣发展乡村文化，"坚持以社会主义核心价值观为引领，以传承发展中华优秀传统文化为核心，以乡村公共文化服务体系建设为载体，培育文明乡风、良好家风、淳朴民风，推动乡村文化振兴，建设邻里守望、诚信重礼、勤俭节约的文明乡村"[①]。乡村文明中，历史记忆、地域文化和乡愁是不可或缺的组成部分。为实现乡村振兴战略，必须坚定走文化复兴之路，加大乡村文明建设力度，提升农民的知识水平，培养其思想观念，规范其行为，继承和发扬我国优秀传统文化，适应经济社会发展的需要，构建积极健康的社会风气与精神风貌。非物质文化遗产，作为农耕文明时期形成的乡村灵魂，承载了珍贵的历史记忆，散发出浓厚的历史文化气息。这些非遗汇聚了每一时代的思想精华，成为各地独具特色的文化标识。通过研究非遗，我们可以深入了解祖辈的精神风貌和生活方式。

当前，如何发挥非物质文化遗产在乡村振兴中的精神作用，成为我们必须思考的重要问题。乡村文化是乡村社会持续发展的核心，因此复兴乡村文化势在必行。这要求我们不断创新乡村文化，增强其创造性，保留乡村的独特魅力，同时重视乡村文明在乡村振兴中的使命，为乡村的全面振兴注入新的活力。

（二）非物质文化遗产对乡村振兴的价值

乡村振兴战略的核心是产业兴旺，旨在通过对农村资源的有效利用来推动经济发展，提升农民的生活水平，实现农村的繁荣。非物质文化遗产具有潜在的经济价值和政治价值，许多地方已经通过利用这些资源来发展旅游业，取得了很大的经济效益。因此，我们应该将非物质文化遗产的文化资源转化为文化生产力，以创造经济效益，用这些经济效益来保护和发展非物质文化遗产。在保护文化和发展经济之间建立平衡互动的关系，借助非物质文化遗产打造文化品牌，有助于保护这些宝贵遗产，推动地区的经济和社会发展。地区的发展深受文化发展的影响，文化的繁荣对民族的兴盛起着重要的推动作用。非物质文化遗产作为一种文

---
① 中国政府网.乡村振兴战略规划（2018—2022年）[EB/OL].（2018-09-26）[2023-09-18]. https://www.gov.cn/zhengce/2018-09/26/content_5325534.htm.

化记忆，在民族发展中发挥着稳定器的作用。在振兴乡村的过程中，我们可以充分发挥非物质文化遗产的政治价值和经济价值，鼓励青壮年回到农村就业和创业。例如，通过建设文化馆等形式，拓展地区文化产业品牌，发展文化旅游行业，并融入文化内涵，丰富农村文化市场，为乡村振兴战略的实施注入新的活力。

1. 给予百姓精神依托

中华文明源于农耕文化，乡村是中华文明的历史根基。乡村文化是乡村社会的精神支柱，汇聚了各个时代思想精华的非物质文化遗产体现了乡村独特的文化内涵。实施乡村振兴战略时，深入探究农耕文化中包含的优秀思想观念、人文精神、道德规范，并结合时代需求进行保护传承基础上的创造性转化和创新性发展，有助于在新时代焕发乡风文明的新活力，增强社会凝聚力，淳化民风。因此，划定乡村建设的历史文化保护线，保护好文物古迹、传统村落、民族村寨、传统建筑、农业遗迹、灌溉工程遗产，传承传统建筑文化，使历史记忆、地域特色、民族特点融入乡村建设与维护显得尤为重要。同时，传承发展农村地区优秀戏曲曲艺、少数民族文化、民间文化，将铸就"看得见山，望得见水，记得住乡愁"的美丽乡村之魂，为乡村振兴注入深厚的文化底蕴。

2. 重新塑造乡村文化生态

非物质文化遗产作为历史的鲜活见证，对于重塑乡村文化生态、实现经济与文化可持续、全面协调发展具有无可替代的作用。其中，蕴含的中华民族精神价值、思维方式和文化意识是捍卫我国文化身份和文化主权的关键所在。非物质文化遗产承载着不可磨灭的文化记忆，是民族生存发展的源泉和稳定力量。重塑乡村文化生态作为乡村振兴战略的核心任务，是营造宜居环境、塑造乡风人文、构建现代农业新格局的必由之路。乡村特色文化符号及地方民族特色文化资源，是特色化、差异化发展的基石。诸如戏曲、歌舞、音乐等表演性质的非物质文化遗产，源自民间深厚的文化土壤，汇聚了世代相传的文化精华，是人们最熟悉、亲切、热爱的艺术形式。例如，吉林汉族大秧歌、长白山龙头高跷大秧歌、长白山回族龙灯表演队、吉林东北二人转等，这些省级非物质文化遗产是接地气的文艺典范。二人转作为东北特有的民间戏曲，富有浓厚的乡土气息和山野风情，凝聚着东北人民的乡音、乡情。这些充满生命力的非物质文化遗产，是滋养文明乡风、良好家风、淳朴民风的阳光雨露。

3.促进乡村特色文化产业经济价值

产业兴旺作为乡村振兴战略的核心内容，其目的在于通过充分利用地方资源来推动经济发展，进而提高农村居民的生活水平。在此过程中，非物质文化遗产展现出其独特的经济价值。深入挖掘乡村独特的文化符号，有效整合地方和民族的特色文化资源，是推动特色化、差异化发展的关键所在。以保护和传承乡村原有建筑风貌和村落格局为基础，将民族民间文化元素融入乡村规划中，深入挖掘历史文化底蕴，弘扬人文精神，打造富有诗意和田园风光的人居环境，有助于加强乡村文化建设，丰富农村文化业态。

对于非物质文化遗产的保护和利用，需要强化规划指导和典型示范，积极挖掘和培养乡土文化人才。同时，可以建设一批具有鲜明特色和显著优势的农耕文化产业展示区，打造特色文化产业乡镇、村庄和产业集群。推动传统工艺振兴计划，培育具有民族和地域特色的传统工艺产品，提升品质，塑造品牌，促进就业。积极开发传统节日文化用品和民间艺术、民俗表演项目，将文化资源与现代消费需求相结合，实现对接。例如，吉林省抚松县漫江镇锦江木屋村、通化县东来乡鹿圈子村、临江市花山镇珍珠村松岭屯等地，依托非物质文化遗产和当地特色文化，开展传统文化展示、表演和体验活动，不仅提升了乡村的文化水平，还催生了新的产业，为乡村带来了新的生机和活力。

三、乡村振兴促进非物质文化遗产传承发展的措施

（一）深挖乡村非遗资源

为了全面呈现非遗在乡村休闲旅游中的独特韵味，我们不能仅停留在表面元素的开发利用上，更应当深入探寻每个地区传统文化的精髓和内涵。结合传统文化的独特魅力以及现代旅游市场的需求，我们应积极挖掘并整合各类地方文化旅

游资源。将非遗与乡村文化馆、传统手工艺品、研学旅行等有机结合，充分利用当地的社会文化资源，优化非遗体验活动的结构，为其注入更多的文化元素，让游客在乡村旅游中深刻感受到非遗文化的独特魅力。

尽管博物馆在展示非遗文化方面发挥着重要作用，但文化馆的非遗陈列厅游客量却相对较少。在乡村休闲旅游中，如何更有效地展示和传承非遗文化，仍然是一个需要解决的问题。为此，建议在乡村地区打造一个集多种非遗资源于一体的大型综合场所——非遗一条街。这条街区以非遗为核心，根据非遗的不同类别划分为多个体验区，如民间文学展示区、传统音乐与曲艺体验区、传统美术展示区、传统技艺体验区以及民俗体验区等。这种大综合体内嵌套小综合体的布局方式，可以使每个体验区都能根据自身的非遗特色进行个性化策划，在各体验区之间形成互补和联动效应。在非遗一条街的规划中，可以围绕追溯乡土文化记忆等主题，设计一系列富有深度的体验游览活动。这些活动旨在让游客亲身感受非遗文化的魅力，在参与中学习和传承非遗技艺，从而加深对乡土文化的认识和了解。期待通过这样的规划和建设，非遗一条街能够成为乡村休闲旅游的一大亮点，吸引更多的游客前来体验和学习，为非遗文化的传承和发展注入新的活力。

（二）融合非遗资源，丰富非遗体验

各村落的非遗资源丰富，建议以乡（镇）为单位，围绕非遗主题，整合博物馆、文化馆和非遗产品，开展综合性体验活动。深入挖掘每个村落独特的非遗资源，依托各类非遗项目，打造具有本村特色的非遗体验场所。这样不仅能提升乡村休闲旅游的吸引力，还能让游客更深入地了解乡村的非遗文化，促进非遗的传承与发展。这样的整合策略，有望使乡村的非遗资源得到更有效的利用，同时丰富游客的旅游体验。

对于传统音乐类、曲艺类、民俗类非遗，同样可以与乡村休闲旅游相结合。借助乡村旅游的平台，可以对这些非遗集中的村落进行整体性保护，建立文化生态保护区。与博物馆、文化馆合作，鼓励乡村艺人在农忙时务农，闲暇时则进行演出，让传统表演艺术在乡村休闲旅游舞台上焕发新生。通过结合节庆活动等营

造适宜的场景，划分特定区域设置舞台，摆放表演服装及道具，这些区域既可以作为艺术表演的舞台，也可以成为游客亲身体验传统音乐类、曲艺类非遗的场所。游客可以根据自己的兴趣选择短期或长期的体验活动，穿上传统服装，拿起表演道具，在乡村艺人的指导下亲身感受和学习传统表演艺术，体验其中的美。非遗展览与现场体验的结合，可以让游客在体验馆中聆听、观看、表演、研学，集非遗展示、现场体验、互动交流于一体，打造以非遗体验为核心的文化旅游项目。

（三）鼓励非遗传承人参与研学活动

应积极动员非遗传承人和手工艺从业者参与研学活动。在研学活动中，他们可以展示自己的技艺，进行演示示范，还能引导游客亲自动手操作，充分发挥他们的专业引领作用。这些传承人和从业者应充分认识到自己的价值和影响力，通过发挥他们的作用和功能，能够吸引更多的人参与乡村文化振兴，使非遗产品和文化融入现代生活。

对于手工技艺类非遗项目，一方面，可以利用研学体验馆等场馆开展研学活动，也可选择乡村的老铺子、老作坊等作为场所，进行升级改造，使之成为专门进行研学活动的场所；另一方面，也可以直接在农村地区开展体验活动，确保非遗传承人或手工艺从业者能够真正参与并发挥作用。这样的举措有助于使手工技艺类非遗成为大众掌握的技能，吸引更多人投身乡村文化建设，丰富农村文化业态，让传统手工艺和非遗产品更好地融入现代生活。

（四）融合非遗项目，多方合作举办体验活动

1. 充分利用非物质文化遗产功能

淮南牛肉汤制作技艺相关体验活动的成功经验值得借鉴。在"百味陈"牛肉汤体验店，除了销售牛肉汤，非遗传承人也积极在店内开展针对不同年龄段的研学体验活动。他们大力推广牛肉汤制作技艺的培训与展示，吸引越来越多的人参与学习和体验。每年，有数千人参加牛肉汤制作技艺的体验活动，他们不仅学习制作技艺，还在学成后在各地开设牛肉汤体验店。这种方式不仅使他们真正掌握了牛肉汤制作技艺，还使他们通过经营店铺实现了经济收益，同时有助于牛肉汤

制作专业知识的积累和技能的提升。这种活动在无形中促进了传统文化的传承和发扬光大。

2. 因地制宜推动非遗产业化进程

在清晰掌握本地区非遗生存状态的实际情况后,应深入分析其生存的土壤及保护条件。基于这些分析,借鉴其他地区在非遗保护上的成功经验,因地制宜地制定出符合本地区特色的非遗发展措施。尤其在参考国外经验时,要避免让外来文化过多地涉足和影响本地区的非遗发展,进而推动非遗走向产业化的道路。许多国家之所以能够成功开发利用非遗,在很大程度上得益于他们合理利用非遗资源,并对其保护给予高度重视。但为了防止非遗过度商业化,对制作技艺的利用也需要建立有效的监控系统。在推进非遗产业化的过程中,应持谨慎态度,确保传统非遗文化得到妥善保护。

(五)创新开发非物质文化遗产档案

乡村文化作为中华传统文化的根基,承载着深厚的乡土智慧与优秀传统。乡村非物质文化遗产档案是乡土智慧的结晶,蕴含着丰富的历史信息和文化价值。对乡村非物质文化遗产档案的开发利用,不仅有助于延续中华文化的血脉,更是对乡村振兴战略的有力支撑。

非遗档案,涵盖了与非遗相关的各类道具、实物等具有保存价值的档案材料,是记录非遗历史与现状的重要载体。乡村非遗档案作为乡村文化空间建设的重要基石,其开发利用不仅是构建"乡愁"情感、弘扬乡村文化的重要手段,更是延续乡村文化脉络、保留传统文化根基的关键所在。在社会结构转型的背景下,乡村在城乡融合进程中面临着文明建设的挑战。因此,探究如何在乡村振兴的大背景下,理性开发非遗档案,以留住中华传统文化的根脉,具有深远的历史和现实意义。

1. "自上而下"地开发

在我国,乡村非遗档案的开发主要采取"自上而下"的模式,即由政府和档案部门主导,民间团体或个人参与,涵盖档案编研、文化产品开发、教育宣传等多个方面。根据是否利用网络媒体（特别是社交媒体），开发方式可分为传统和现代两种。在政府主导的"自上而下"模式中，乡村非遗档案的开发同时采用传统和现代方式。

传统开发方式主要包括档案编研出版和档案文献展览等。目前，乡村非遗档案主要用于编研村志，以记录和传承乡村文化。

现代开发方式则是以政府为主导，利用微博、微信等社交媒体对乡村非遗档案进行内容开发。这种方式在传统开发方式的基础上，进一步扩大非遗档案的开发范围和影响力。借助社交网络，乡村非遗档案不仅可以展示传统的图像、音频，还能利用云计算、大数据技术分析用户需求，结合数字人文技术，如 GIS（地理信息系统）、VR/AR/MR（虚拟现实/增强现实/混合现实技术）和可视化技术等，深入挖掘、整合和展示乡村非遗档案，从而更好地满足用户需求，实现其文化价值和经济价值的最大化。

2."自下而上"地开发

该模式由社会组织或个人自发启动，后续得到政府部门的协助，旨在保护、发展和创新乡村非遗档案。其优势在于，开发主体源自对乡村非物质文化遗产价值的自发认同，因此能激发更高的民众参与度。村民自发参与文化遗产开发，能够更全面地保留与他们切身利益相关的乡村文化传统。这种自发行为具有持续性，为乡村持续注入新活力，确保乡村非物质文化遗产得以代代相传。

在实施方式上，主要通过民间组织或个人的自发行动，组织各类文化遗产活动。这些活动的核心在于收集、保护和开发乡村非遗档案，旨在保留和传承当地的独特文化传统。

（六）建设特色小镇

特色小镇建设和非物质文化遗产的传承都以一定地域的特殊文化为依托，二者之间存在一定的联系，二者的结合可以实现良性互动、相互促进、协同发展。在当前全面建设特色小镇的社会背景下，非物质文化遗产元素的融入成为当前特色小镇建设的一个重要发展方向，非物质文化遗产元素的融入既能够为特色小镇建设提供新的动力，又能够为自身的传承和发展创造新的机会。

"特色小镇"的特色应以优秀传统文化为根基,使非遗与老街、建筑及民众生活紧密相连,营造独特氛围。在小镇中,要全方位展现"人、物、生活"的和谐共生。不仅需要非遗产业的领军企业引领,更需要广大民众的积极参与,共同营造非遗与民众生活相融合的环境。理想的"特色小镇"应是非遗文化与现代生活完美交织的地方,民众居住在古色古香的街道上,这些街道因独特的饮食、传统工艺和民俗风情而熠熠生辉。游客在这里能亲身体验别样的乡村风情,感受到不同于大城市的独特魅力,从而让非遗文化在小镇中焕发新的生机与活力。

在特色乡村小镇的建设中,应充分挖掘和利用当地的产业基础和资源优势,以推动特色经济的发展。优化升级传统产业,延伸产业链和价值链,促进产业结构的高端化转型。同时,积极探索农村发展的新领域、新状态和新产业,为农村经济发展注入新的活力,提升当地居民的生活水平。在规划和发展特色小镇时,应注重生产、生活和生态的有机结合,构建集庄园、旅游和风情乡镇于一体的综合空间,因地制宜地发展农村经济。通过这样的建设,打造集休闲、娱乐和旅游于一体的特色小镇,为乡村经济注入新的活力,推动乡村全面振兴。

在构建特色小镇时,特色文化与丰富的文化内涵是不可或缺的基石。在物质建设如火如荼的同时,我们必须深入挖掘、细致整理、精心记录那些宝贵的传统文化,保护好那些承载着历史记忆的文化遗存。非物质文化遗产的活态传承尤为关键,非物质文化遗产不仅是历史的见证,更是连接过去与未来的桥梁。借助这些独特的非遗资源,特色小镇能够丰富其文化内涵,塑造鲜明且具特色的地域文化,进而推动产业、文化、社会的融合发展。特色小镇不仅是一个物质空间,更是一个充满故事与情感的文化磁场,吸引着人们去探寻、去体验、去感悟。

以下将介绍几个具有参考价值的特色小镇案例:

1. 茯茶小镇

茯茶小镇,坐落于陕西泾阳县,是一个充满历史韵味与文化底蕴的地方。其独特的民居建筑风格和院落布局,无不透露出关中地区的深厚文化底蕴。这里的建筑多采用厚实的夯土墙,形成了封闭而狭长的院落,关中地区受温带大陆性气候的影响,使得防风、防尘成为建筑的首要需求,这种建筑风格体现了关中地区独特的建筑美学。茯茶小镇以茯茶文化为主题,致力于打造一个集民俗、文化、旅游于一体的特色小镇。

2. 浙江余姚梁弄镇

余姚作为文化名都,拥有悠久的河姆渡文化。在这片土地上,孕育了众多杰出的文人墨客。受农耕文化的影响,梁弄镇形成了具有地方特色的传统糕点——梁弄大糕。这种以香甜柔糯、百尝不厌而闻名的糕点,成为梁弄镇的一张名片。当地政府将大糕产业作为非遗项目进行保护和推广,打造了一条"大糕一条街",使梁弄大糕成为非遗保护与民俗特色小镇景观设计的有机结合体。

3. 广西体育特色小镇

广西壮族自治区拥有丰富的少数民族体育文化资源,这些资源为体育特色小镇的建设提供了得天独厚的优势。广西体育特色小镇的建设不仅能推动体育事业的发展,还能有效地传承和弘扬中华民族的优秀传统文化。这些特色体育活动包括打陀螺、抢炮、投绣球、爬坡杆、打扁担、打榔、射弩、舞南狮、桐子镖等,它们所使用的体育器材也充满了民族特色,如鼓、锣、扁担、木棒、铜铃等,都是取自于人们的日常生活和生产活动。此外,广西还有一些时节性和节日性的体育特色活动,如火把节、摔跤、斗牛等。这些活动不仅丰富了人们的文化生活,也为传承广西传统文化内涵和优秀文化精髓提供了有效载体。通过参与这些传统特色体育文化活动,人们可以在轻松、愉快的氛围中接受和传承中华优秀传统文化,进一步推动广西地区非物质文化遗产的传承和发展。

(七)建立非物质文化遗产文化生态

非物质文化遗产的文化生态,简称非遗文化生态,是一个涵盖影响该文化生存和发展的自然生态与社会生态的综合体系。乡村振兴与非遗文化生态的建设在参与主体和生成效果上呈现出高度的一致性,它们的核心参与者都是乡村的民众。

非遗文化生态建设和乡村振兴的最终效果是一致的。前者以保护和传承非遗为核心,通过修复自然生态、强化民众的文化自觉意识、创建生产性和产业化的保护模式,提升社区文化建设水平等手段,为非遗在现代社会语境下创造适宜的生存和发展环境。

为了应对非遗文化生态的危机，并确保非遗在现代社会中的持续发展，除了尊重和保护自然生态，还需加强符合社会和文化发展规律的社会生态建设。包括提升主体的文化生态素养，要求传承主体具备开阔的胸襟和创新意识，将精湛的文化技艺和技术传承下去，并顺应文化发展的规律进行非遗的创新。政府作为重要的保护主体，应树立科学的文化生态观，对广泛分布在乡间的非遗及其价值有充分的认知和肯定，在此基础上进行引导和顶层设计。同时，随着乡村文化市场的兴起，乡间民众积极健康的文化消费意识将为非遗营造良好的社会氛围。

此外，建立产业融合的非遗文化生态体系也是关键。非物质文化遗产是永恒的文化资源和资本。在乡村振兴产业兴旺的框架下，构建产业融合的非遗文化生态体系，既可以通过生产性保护提高非遗产品的产量和品质，也可以将非遗作为独特的文化资源，探索与其他产业的融合路径。在挖掘、整理、阐释非遗价值的基础上，结合市场文化需求和地方发展实际，选择适合的产业形态和融合方式，打造乡村的新业态。在这一过程中，需要平衡文化原真性和产业融合的利益化，遵循"保护为主、抢救第一、合理利用、传承发展"的原则，以防止非遗文化生态体系过度开发或商品化。

（八）创新模式，培养非遗传承人

1. 灵活认定群体，增强社会大众传承自觉性

非遗传承作为乡村的精神记忆，宛如历史的活化石，滋养着乡土生活。为保持其生命力，需从情感与价值层面体现文化自觉。庙会、节庆等集体活动虽重要，但少数传承人的坚守更关键。他们承载着非遗的技艺与智慧，是文化传承的守护者。我们应珍视这些传承人的贡献，为他们提供更多支持与保障，共同守护非遗的璀璨光芒，让乡村文化记忆得以延续。

在非遗传承中，传承人往往具有局限性。为了非遗的持续发展，我们需打破这种局限，为更多文化传承主体提供支持。开辟传承人申请的绿色通道，并扩大"准传承人"和"兼职传承人"的群体，激发更多人的参与热情。这种举措不仅可以解决非遗传承后劲不足的问题，还可以促进文化的多元传播和创新发展。

人才是推动文化传承与发展的第一资源。因此，我们可以借鉴"薅豆芽"的

模式，为规范的传承人认定选拔培养后备人才。非物质文化遗产的传承责任需要有人自觉地去承担，这样才能最大限度地实现文化的宣传教育工作，并达到传承的目的。

2. 鼓励团体传承，建立校园模式传承通道

校园所在地的非物质文化遗产具有丰富的文化底蕴。众多大中小学积极将地域性非物质文化遗产纳入课程体系，通过创新教学模式进行实践类、史论类、批评类传承，积累非遗传承的授课大纲、教学方法和传播方式，在传承过程中丰富非遗的文化内涵，使其在新的时代背景下焕发出生机与活力。校园与非遗的有机结合，有助于非遗的传承与保护，也为学生提供更加丰富多彩的学习体验。

3. 促进积极互动，探索文化传承的活态路径

现代文化的冲击导致非物质文化遗产的传承方式逐渐趋同，使得民众在强势文化的影响下对非物质文化遗产失去兴趣或产生抵触心理。然而，在传承人的身上，我们可以看到他们所承载的项目的独特"印记"。为了应对这一挑战，我们可以在尊重文化持有者的表达和理解的前提下，超越传统框架，探索更加新颖、与时俱进且符合非物质文化遗产特性的活态传承路径。例如，通过项目竞技、网络直播、科学研究、口述记录等方式，使文化传承的主体和客体能够并置讨论、良性互动。这样，我们能够由表及里、由浅入深地解构和重组非物质文化遗产的生存、保护、传承和发展的内在规律，从而将传承从自然自发转变为自觉自为的状态。

第二节　品牌设计下非物质文化遗产的传承发展

非物质文化遗产作为中国传统文化的瑰宝，对于重塑文化认同和增强民族自信具有深远意义。然而，随着社会的迅猛发展，非遗正面临着生存的挑战，逐渐失去其原有的生存土壤。与此同时，非遗也迎来了新的发展契机，特别是在文化创意产业蓬勃发展的背景下，各地政府纷纷推动非遗的产业化与品牌化。特别是在消费主导的社会环境中，品牌文化的构建已成为产品占领市场的关键手段。因

此，当代非遗的保护、传承与创新发展，必须采用"品牌运营"策略，构建独特的品牌文化，将非遗的文化价值转化为经济价值，为非遗注入新鲜血液。

一、非物质文化遗产品牌发展的现状

在过去的二十多年里，我国非遗保护与创新工作取得了显著成效。从非遗项目品牌、非遗传承人品牌的积累，逐步转向非遗产品品牌、企业品牌的塑造，为非遗注入了新的活力。像北京烤鸭、云南砂锅米线、西安肉夹馍等深受大众喜爱的非遗美食，不仅获得了广泛的社会认可，还取得了可观的经济效益。然而，我们也看到，仍有许多非遗项目尚未真正融入人们的日常生活。这背后的原因主要是社会环境的变迁，使得非遗失去了原有的生存土壤。

当前，文化创意产业的繁荣为非遗的再次普及提供了契机。在这一背景下，我国非遗开始走向市场化、产业化，力求实现经济效益、文化效益与社会效益的和谐统一。而在消费文化的语境下，非遗必须借助品牌的力量，通过品牌文化的凝聚力来最大化其效益。例如，徐州曹氏香包、重庆"谭木匠"等非遗产品品牌和企业品牌，极大地推动了非遗在当代的创新发展。

然而，从宏观角度看，我国非遗产业化发展仍面临诸多挑战。实际上，非遗自身对品牌标识和鲜明品牌文化的需求尤为迫切。因为每一种非遗都蕴含着独特的文化价值和差异化的竞争优势，需要通过品牌化来加强其市场竞争力，从而推动非遗产业化的深入发展。

二、品牌设计促进非物质文化遗产传承发展的路径

（一）活化非遗品牌，完善非遗品牌的科学管理

品牌活化，本质上是对品牌资产的重新激活与增值，可以通过"寻根"的方式找回那些已经流失的品牌资产。在营销领域，常用的品牌资产概念包括品牌知名度、品牌表现、品牌情感和品牌共鸣四个关键维度。针对非遗品牌，我们可以从以下几个方面来再生和强化其品牌资产，以实现非遗品牌的科学化管理：

1. 提升品牌知名度

品牌知名度是品牌资产的基础，对于非遗品牌来说，尽管在特定区域内享有较高的知名度，但在更广泛的区域中，其认知度可能相对较低。因此，通过挖掘和利用非遗品牌的长期知名度，可以唤起消费者的怀旧情感，增强他们的自豪感和归属感，从而扩大品牌的知名度，并使其逐渐成为一个全国性的知名品牌。

2. 塑造品牌表现

品牌表现，即品牌形象，是品牌资产的重要组成部分。当品牌知名度得到提升后，消费者会对非遗品牌形成一系列积极的认知，进而产生正向的品牌联想，从而增加品牌资产。活态文化作为非遗品牌的独特卖点，是其品牌形象的核心要素，其独特性和不可复制性为非遗品牌提供了差异化的竞争优势和文化个性，有助于成功塑造非遗品牌的形象。

3. 深化品牌情感

深化品牌情感是非遗品牌发展中的重要一环。品牌情感，作为品牌资产的感性层面，直接反映了消费者对品牌的内心评价和感受。对于非遗品牌来说，由于其深厚的文化底蕴和历史传承，往往能激发消费者更强烈的情感共鸣。消费者对非遗品牌的欣赏和保护，被视为一种荣誉和责任，这种认同感赋予了非遗品牌独特的情感价值。为了加强消费者的品牌情感，我们需要通过多种手段来增强消费者的优越感和归属感，可以通过举办非遗文化体验活动、开设非遗主题讲座等方式，让消费者更加深入地了解和体验非遗文化的魅力。当消费者对非遗品牌产生深厚的情感连接时，他们还可能将这种情感扩展到与之相关的文化品牌，从而进一步丰富非遗品牌的品牌资产。因此，深化品牌情感是非遗品牌发展中的重要策略，也是提升品牌价值和影响力的关键所在。

4. 追求品牌共鸣

品牌共鸣是品牌追求的至高境界，是消费者与品牌之间深厚而紧密的心理纽带。当消费者与非遗品牌产生情感互动时，他们就会对品牌形成强烈的情感认同。这种认同可以增强消费者对品牌的忠诚度，使品牌在激烈的市场竞争中独树一帜。

通过持续的情感交流和品牌体验，非遗品牌能够不断巩固与消费者之间的心灵连接，实现品牌价值的最大化。

（二）促进非物质文化遗产的品牌营销

1. 非遗品牌营销的特征性

普通品牌以物质形态为基础，重点聚焦在产品本身的功能和特点上。与此不同，非物质文化遗产则是一种非物质的、与大众生活紧密相连的文化表现形式，它世代相传，突出展现精神品质或特性。因此，非遗品牌营销具有独特性。在推广非遗品牌时，必须坚持以人为本的原则，因为非遗品牌的传承与发展依赖于口传心授。此外，非遗品牌营销应避免过度商业化，保持其深厚的历史文化根源和原生状态。最后，非遗品牌营销的成功离不开政府和大众的支持与参与。许多非遗已被列入国家或地方保护项目，且与民众的日常生活息息相关。因此，政府在资金、政策上的扶持，以及大众对非遗传承发展的关注和支持，对非遗品牌营销至关重要。

2. 非物质文化遗产品牌营销的案例分析

这里以金陵刻经为例，分析非物质文化遗产品牌营销。

（1）金陵刻经品牌概况

南京享有"六朝古都、十朝都会"的称号，拥有2500多年的历史。佛教文化在这座城市的起源可追溯至2000年前。自东汉末年起，佛教逐渐在江南地区传播开来。至1866年（清同治五年），金陵刻经处在杨仁山的倡导下正式成立。

近年来，金陵刻经处被我国列为国家级重点文物保护单位，并成为保护非物质文化遗产的基地。其独特之处在于多年来所积淀的丰富而独特的文化内涵。金陵刻经处不仅拥有众多具有"物质性"的文物，如全国范围内的佛教经版文物，还保存着人类文明史上最古老的印刷术——雕版印刷技艺，被誉为活化石博物馆。此外，它还承载着"无形"的精神信仰文化，即佛教文化。

（2）借助电商平台开展品牌营销

在网络时代，金陵刻经品牌的营销也需紧跟潮流，实现与时俱进。为了实现这一目标，品牌方需要将金陵刻经品牌的营销与电商平台紧密结合，充分利用电商平台的优势，从多个环节入手，提升品牌影响力。通过电商平台，我们可以更广泛地传播金陵刻经的文化内涵和独特魅力，吸引更多人关注并领略其独特价值。在实施网络营销时，我们可以从多个方面着手：

首先，基于对金陵刻经的深入研究和分析，为其量身打造一个独特且能充分展现其特色的品牌营销网站。随着现代化步伐的加快，许多非遗项目逐渐淡出人们的视野，因此，建立一个专注于金陵刻经品牌营销的网站尤为重要。此举旨在提升公众，尤其是年轻人对金陵刻经的认知和对非遗产品的兴趣。在构建营销网站时，应收集众多金陵刻经传承人的作品，并通过平台集中展示，从而加深消费者对金陵刻经的了解。此外，为提升网站的宣传效果，除了展示与金陵刻经相关的作品，还应详细介绍其创始人和传承人，并以动态图或现场图的形式呈现每个金陵刻经产品的创作全过程。这样一来，每个金陵刻经产品都拥有了生动的故事背景，可以给公众留下深刻印象，从而增强网站的宣传效果。

其次，为了更好地推广金陵刻经品牌，可以利用现代化的通信工具"微信"。据中国互联网络信息中心的数据显示，近年来我国移动即时通信用户规模不断扩大，而"微信"作为其中的佼佼者，用户基础十分庞大。因此，借助微信这一平台进行金陵刻经品牌的推广尤为重要。具体来说，品牌方可以在微信平台上创建金陵刻经品牌的官方公众号，通过该公众号详细介绍品牌的背景、历史以及产品特点。此外，品牌方还可以定期发布品牌的最新动态，展示金陵刻经的相关产品，让更多的人了解并喜爱这一品牌。通过充分利用微信这一现代化通信工具，我们有望为金陵刻经品牌带来更大的知名度和影响力。

（3）借助旅游产业进行品牌营销

金陵刻经处在工作日期间会对公众开放其内部门市，允许购书者进入选购书籍。然而，在其他时间段，该处则保持封闭状态，不允许游客随意进入参观。由于该处珍藏的文物价值连城，为了避免开放参观可能对这些文物造成潜在的损害，也为了确保工作人员能够专心致志地进行刻经工作，因此决定限制游客的参观时间。此外，在与众多游客的交流中，我们发现金陵刻经处享有很高的知名度，许多游客都表示遗憾未能有机会亲身体验其内部的独特魅力，希望未来能有更多的机会深入了解这一文化遗产。

目前，旅游产业在南京的经济体系中占据着非常重要的地位。南京，这座充满历史底蕴和文化氛围的六朝古都，以其独特的旅游风景名胜而蜚声海内外。从古色古香的明城墙到风景如画的玄武湖，再到底蕴深厚的博物馆和寺庙，南京为游客提供了丰富多彩的旅游体验。特别是金陵刻经处，它坐落在南京市中心的新街口和夫子庙等繁华的旅游购物区域，成为游客们争相参观的热门景点。因此，将金陵刻经处的品牌营销与旅游业紧密结合，利用旅游业推广金陵刻经品牌，不仅可以吸引更多的游客，还能进一步提升金陵刻经的品牌影响力和知名度，实现互利共赢。

首先，建议开放金陵刻经处供游客参观。作为国家级重点文物保护单位和世界非物质文化遗产，开放刻经处不仅能让游客有机会亲身体会其独特魅力，还能推动金陵刻经在公众中的传播与推广。

其次，设立金陵刻经产品展厅。从刻经处挑选出具有特色和历史意义的产品，组成独立展厅，并为每个产品设置标牌详细介绍。此外，通过播放视频和配备专业解说员等方式，使游客对金陵刻经产品有更深刻的了解，进一步推动品牌营销。

最后，开发金陵刻经旅游纪念品。金陵刻经处要充分开发其自身的品牌产品。

（三）将品牌形象设计融入地域文化

这里以梓里·红席作为案例，具体分析品牌形象设计与地域文化的融合。

1. 非遗品牌形象和地域文化的关联性

地域文化是在特定地域内，居民在社会文化和自然环境的长期熏陶下所形成的群体特征，它汇聚了地域内人民的集体智慧，并深刻地反映了当地的深层次文化底蕴。而非遗，作为起源于某一特定地域的文化现象，具有强烈的地域文化色彩。品牌形象则是消费者对某一品牌的记忆感知的反映。为了唤起消费者对某一非遗的记忆，需要深入挖掘其历史脉络中蕴含的独特地域文化，从而在品牌与消费者之间搭建起沟通的桥梁。品牌形象的塑造需要借助消费者的感知来认知，因此，我们必须有计划地塑造非遗品牌形象，打造能够为非遗带来正面效益的品牌。以北京"稻香村"为例，这一非遗手艺作为"中华老字号"品牌，拥有深厚的群众基础。在其产品的包装和宣传形象设计中，融入了诸多老北京生活的元素，特别是插画设计中展示了老北京胡同的原始风貌和人物售卖糕点的场景。这些地域文化符号勾起了消费者对这一古老手艺的回忆，引发了他们的心理认同，为品牌带来了可观的收益。

2.非遗品牌形象和地域文化的融合

"梓里·红席"这一品牌源于山东省青岛市的泊里镇，这里被誉为"红席之乡"，是非物质文化遗产红席的发源地。在塑造品牌形象时，必须深入挖掘并体现当地的地域文化特色。青岛，既是海岛之城，又是山城，其地域文化深受海洋影响，同时拥有大珠山、小珠山等著名旅游风景区。青岛拥有6000多年的海洋文明历史，当地人的生活与海洋紧密相连，为其带来了丰富的物质和精神财富。因此，在"梓里·红席"的品牌形象设计中，海洋文化元素的融入尤为重要。

青岛地区的居民在与环境的互动中，逐渐形成了独特的文化风俗和民间艺术。其中，胶南年画、胶州大秧歌、茂腔、胶东剪纸等艺术形式最具地方特色。受地域文化中海洋特色的影响，剪纸作品中经常出现鱼形纹样。胶南年画则借鉴了潍坊木版年画的绘画特色，与现代绘画方式相结合，展现出朴实无华且略带夸张的造型，作品多取材于民间传说和当地生活场景，充满了浓厚的地域气息。

为深度展现地域文化的魅力，应将地域文化符号（如外形、纹样、材质等）巧妙地融入"梓里·红席"的品牌形象设计中。通过对这些符号进行放大化处理，可以使消费者更直观地感受当地的地域文化风情。不仅如此，还应将这些文化符号进行解构、变形与重组，创造出更具辨识度和视觉冲击力的品牌符号，从而突出该地区独一无二的文化底蕴。这样的设计不仅能让消费者记住"梓里·红席"这个品牌，更能让他们对当地的地域文化产生浓厚的兴趣。

3.非遗品牌形象的设计

（1）非遗品牌标志设计

品牌标志作为品牌视觉识别的核心元素，融合图案、文字和色彩等多种元素。

在"梓里·红席"的品牌标志设计中，设计师巧妙地融入了当地独特的传统文化风俗，使设计更具地域特色。

观察"梓里·红席"的品牌标志，可以发现设计师从鱼槛子中雕刻的鱼造型中汲取灵感，经过提炼后将其运用于品牌标志图案设计。这一设计具有简洁的外部轮廓，同时捕捉了鱼在水中游动的"S"形动态之美。在鱼头、鱼尾纹理的处理上，设计师沿用了鱼槛子制作过程中的篆刻线条，将繁复的刀刻线条化繁为简。而在鱼的眼睛和鳞的设计上，则采用了红席的编织纹理，巧妙地将品牌主打产品——红席这一非物质文化遗产的元素融入其中。此外，品牌标志中的鱼造型还借鉴了胶东传统剪纸的表现形式，运用剪纸艺术中的阴刻和阳刻手法，将鱼纹和红席编织纹理相互融合。在色彩选择上，标志以红色为主调，因为红色是吉祥、喜庆的象征，充分展现了地域文化在非遗品牌标志设计中的应用。

（2）开发非遗品牌衍生品

"梓里·红席"的产品研发与衍生品的创新设计，需紧密围绕红席的独特风格和地域特色进行。例如，可以研发茶席、坐垫、枕头垫等产品。茶席的制作工艺完全继承红席的编织技法，图案设计追求还原红席的原始风貌，呈现出缩小版的红席样式。坐垫的花纹设计灵感来源于当地红席编织中常见的枣花图案，将枣花图案巧妙地编织在坐垫的四边，既美观又实用。坐垫不仅使用便捷，收纳也十分方便。枕头垫的设计在中间部位编织出一条枣花图案，两个枕头垫组合在一起，形成一对精美的枣花图案。为了增加使用的安全性，枕头垫的边角还特意加上了布边，防止用户在使用时被扎伤。

（3）非遗品牌的包装设计

消费者在购买产品时，首先会注意到产品的外包装。作为地方非物质文化遗产品牌，"梓里·红席"在包装设计上巧妙地融入了当地的文化元素。

现代包装不仅要能保护产品不受外部损坏，还需兼具广告和促销功能。"梓里·红席"的小茶席包装盒，正面展示了品牌标志和富有红席风俗特色的插画，背面则附有红席风俗的文字解说。此外，包装盒设计了一条手提绳，巧妙地将盖子和筒身相连，既美观又实用。

现代包装设计还强调环境友好性，要求包装易于处理或可回收再利用。在"梓里·红席"的小茶席手提袋设计中，选用了白色牛皮纸袋，这种材料可降解，符合现代设计师追求的设计与自然和谐发展的原则。同时，牛皮纸袋上的标志印制突出了品牌名称，增强了品牌辨识度。

（四）促进非物质文化遗产的品牌传播

1. 借助短视频平台推动非物质文化遗产品牌传播

近年来，抖音、快手等短视频平台成为传播的非遗重要媒介，"非遗＋短视频"模式使非遗项目重焕生机。

（1）短视频平台对非物质文化遗产传播的影响

①搭建围观平台引发关注

随着短视频平台的崛起与发展，内容创作门槛降低，使得每个个体都能自由表达与分享。这种新媒体形式的便捷性，让围观文化融入了日常生活，人人都能成为围观者。与福柯提出的"圆形监狱模型"不同，现今的社交媒体围观呈现出大众化、交互性的新特征，个人与公共空间的界限逐渐模糊。以快手为例，当用户上传日常生活片段时，他们其实是在将原本属于私域的内容公开化，转化为可供他人观看的社交内容。快手为用户提供了一个以短视频为媒介的展示平台，非遗表演、日常生活分享等都能成为焦点，便于扩大非遗文化的传播范围。这种转变不仅为非遗文化赢得了更多关注，还为其在现代社会中的生存与发展注入了新活力。

②弘扬传统文化，寻找传承者

随着短视频用户的日益增多，非遗类内容在平台上的传播变得尤为引人注目。例如，抖音号"上竹编技艺大师"发布的一条支持手工艺人的视频，短时间内播放量突破2000万，点赞数近百万。这种传播不仅提升了非遗的知名度，还为其找到了新的传承者，岩彩珐琅、竹编等技艺通过短视频找到了传承人。

③文化传播与经济共赢

短视频平台不仅为非遗文化提供了展示空间，还促进了其经济价值的实现。许多非遗产品在平台的推动下，实现了从无人问津到热销的转变。同时，非遗传播机构也通过开发微信小程序等方式,为手工艺爱好者提供了学习渠道,为消费者定制文创产品提供了可能。

④线上线下融合,推动非遗品牌化

促进非物质文化遗产的线上与线下品牌建设。利用抖音这一平台,非物质文化遗产在文化和商业两个层面都获得了新的发展机遇。通过抖音的合作伙伴项目,传统的手工艺得以在商业社会中持续传承和发展。对于非遗来说,建立线上和线下的品牌是推动其产业化的关键。许多地区都开始整合非遗资源,打造具有地方特色的品牌。例如,苏州举办了"魅力姑苏"活动,与非遗传承人和保护机构紧密合作,利用抖音平台进行直播,有效促进与交易平台和消费者的互动,推动了苏州非遗的线上、线下品牌建设。同样,西安在永兴坊设立了直播基地,为陕西的多种工艺如华州皮影、陶瓷烧制等打造了线上推广和线下输出的完整产业链,注入了新的活力,并通过增加线上店铺和线下体验馆,以多角度的方式向消费者提供高质量的非遗产品。

(2)基于短视频推动非物质文化遗产品牌广泛传播的举措

①促进非物质文化遗产产业化发展

第一,以线上传播带动线下非遗传承人的发掘。线上非遗短视频极大地推动了非物质文化遗产的产业化进程。然而,线下非遗传承人的传承面临后继无人的困境,仍对产业化发展构成严峻挑战。因此,非遗传承人在制作短视频时,需深入挖掘中华传统文化的深层内涵,并运用趣味化的方式展现非遗内容,以吸引年轻群体的关注。通过与对非遗感兴趣的年轻人互动沟通,发现和培养新一代的传承人。同时,相关部门也应积极培养具备线上销售非遗产品和组建团队能力的新一代非遗传承人,来确保非遗产业化发展拥有稳定的人才基础。

第二,推动跨界合作。"短视频+非遗"模式已产生显著经济效益,各地政府应主动与非遗传承人、非遗企业和传媒机构建立联系,共同搭建合作平台,制定相关政策与规章条例,规范并扶持非遗产业化发展。鼓励公平竞争,打击垄断和非法竞争,以维护非遗市场的良好秩序。同时,非遗传承人与传媒机构合作,扩大非遗短视频的影响力。非遗企业通过与高校合作,可以建立非遗数据库,并引入新技术推动非遗的创新发展。此外，非遗传承人进校园开展活动，能激发大学生对传统文化的热情。最后，短视频平台也要加强视频审查，严厉打击抄袭、搬运行为，加强监督监管，为非遗产业化提供健康有序的网络环境。

第三，增强非遗传承人及非遗企业的知识产权意识。随着非物质文化遗产的广泛宣传，许多非遗产品开始在抖音等网络平台上受到消费者的欢迎。然而，这也引发了一些关于非遗知识产权的争议。一些不法商家仿制非遗产品的外观和功能，虽然质量低下，却仍在市场上广泛流通。这不仅损害了消费者的权益，也对非遗传承人及企业的知识产权造成了侵害，破坏了非遗品牌的形象。因此，相关部门需要与非遗传承人和企业合作，为他们提供知识产权培训，增强他们的知识产权保护意识。此外，还应引导他们学习如何预防和处理知识产权纠纷，确保在遭遇侵权时能够及时采取法律手段维护自身权益。同时，为了促进非遗的持续发展，应鼓励传承人和企业引入VR、二维码等现代科技元素，不断创新，为非遗产业化注入新的活力。

第四，打造从视频制作到产品营销的产业链。短视频平台具备记录、展示和传播非遗技艺的功能，让更多人了解工艺品制作流程及丰富的民俗文化，同时为寻求转化的非遗传承人提供销售机会，从而提高转化率。然而，随着短视频平台的垂直化发展和网民审美的变化，单靠非遗传承人自发创作的内容已难以吸引更多的关注。为此，我们可借助专业市场化力量，构建涵盖视频制作、传播和营销的完整产业链，为非遗注入新的活力。专业机构可提供内容开发、持续创意、用户管理、平台资源对接、活动运营、商业化变现和合作等全方位支持，实现内容创作者与视频平台的有效连接，获得商业收益和平台资源支持。在新媒体时代，最大化非遗技艺传播效果的关键策略包括：融合多种艺术形式，打造动态美学；推动文化元素的跨界演绎，创新非遗技艺体验；结合技术与运营手段，激发大众的参与和互动等。

②实现跨业态的整合

短视频平台为非物质文化遗产的传播奠定了用户和市场基础。然而，目前绝大多数非遗项目的市场化程度较低，主要以个体或小作坊形式运营，受到资金和人员的限制，难以实现规模化效益和品牌化发展。为了推动非遗产业的进一步发展，应当整合非遗资源与地方优势资源，在"非遗+互联网"的基础上，促进相关产业的融合，如"非遗+旅游""非遗+教育""非遗+工业"等，以提升非遗与各个业态之间的契合度，激发非遗项目的产业活力。通过这种方式，可以全面提升非遗的市场竞争力和可持续发展能力。

③保证市场化和原生态的平衡

市场化具有双重影响，一方面，能将传统文化元素融入现代社会；另一方面，若过分追求经济利益，则可能导致建设性破坏，使原生态内容失去原真性。在短视频传播中，若因市场化而改变非遗技艺，或强行加入不和谐的现代元素以求创新，或因生产关系变更导致传承人失去技艺传承的自主权，最终将引发产品技艺品质的粗劣化和同质化，使传统技艺在追求资本和利润的社会环境中失去原有的纯粹性。如何在市场化进程中保持非遗的个性生命力，确保非遗的"本真性"和"原生态"，并在市场化过程中维护非遗传承人的传承自主权，是非遗内容传播的核心目的。总之，非遗内容传播的最终目的是保护非遗，而非以牺牲其传统技艺和文化内涵为代价追求利润最大化。

2.借助新媒体直播推动非物质文化遗产品牌传播

完善现代文化产业体系与市场体系，推动生产经营机制的创新，优化文化经济政策，以培育新型文化业态为目标。在新媒体时代下，世界各国不同文化相互传播，我国不少优秀的传统文化逐渐被人们遗忘，有的甚至已经失传。因此，对传统文化产业的保护已刻不容缓。而借助新媒体推动非物质文化遗产保护工作，必然是不可缺少的。

（1）重新定位政府与媒体角色

目前，部分非物质文化遗产存在于偏远地区的农村，这些文化遗产是由当地深厚的历史底蕴和自然环境长期积累形成的。在传统模式下，政府在非物质文化遗产的传承和发展中扮演着宏观主导与协调的角色，包括保护非物质文化遗产、规划电商项目等。具体来说，政府需要协调、引导、扶持、规范和管理网络直播，促进专业文化机构与直播平台的合作，同时出台相关政策，鼓励非物质文化遗产传承人和热衷于传播非物质文化遗产的人士，特别是年轻人，积极投身于直播行业。随着直播经济的兴起，政府需要再次定位其角色，直接参与直播活动。

（2）创设数字化非遗文化平台

第一，5G技术的推进为直播行业带来了革命性的变革。自2019年6月工信部向三大电信运营商和中国广电颁发5G商用牌照后，同年10月，这三大电信运营商便联合宣布启动5G商用服务，并推出了相应的5G套餐。5G技术的商业化应用为直播技术注入了新的活力，其高速率、宽宽带和低时延的特性极大地提升了直播用户的观看体验。

VR、AR、AI等先进技术能够为非物质文化遗产打造虚拟现场，让观众在线上也能身临其境感受非遗文化，欣赏非遗作品的精致细节，从而更深入地了解中国优秀的传统非遗文化。随着技术的不断完善和直播内容的日益丰富，VR、AR线上直播模式正逐渐常态化，为高清直播提供了更多可能性，同时推动了无人机360°全景直播的普及，使画面传输的信息更为丰富。

第二，构建数字化保护平台是非物质文化遗产保护的关键。相关部门应加强对非遗数字化保护平台的建设，打造一个由多种形式和载体构成的"活态记忆库"。在数字化时代，只有实现数字化与非遗的深度融合，构建互助共生的新模式，才能满足时代变革的需求。

网络直播技术的发展为非遗传播带来了前所未有的机遇，"直播+非遗"的创新模式正逐渐成为非遗传播的新趋势，对于非遗的传承与传播具有重要意义。目前，非遗直播仍处于起步阶段，但其发展潜力巨大。随着直播内容的不断充实和形式的持续创新，非遗直播必将迎来更加灿烂的未来。

第三节　文旅融合下非物质文化遗产的传承发展

在新时代，我国文化产业和旅游产业的融合发展已经成为经济社会发展的重要推动力。非遗作为我国传统文化的重要载体，也在这个时代背景下焕发出新的生机与活力。非遗不仅丰富了文化产业的内涵,也为旅游产业提供了独特的资源。文化产业作为促进我国经济发展的新兴产业,已经在政府的主导下呈现出高速增长的趋势,其增长速度远超我国 GDP 的增长速度。这都得益于我国政府对文化产业的重视和支持,也反映出我国人民对文化消费的旺盛需求。文化产业的快速发展为我国经济结构的调整和转型升级提供了有力支撑。因此,通过文旅融合指导适度开发非遗资源,不仅有助于保护和发展非遗文化,还能推动旅游产业的创新式发展,实现文化产业和旅游产业的共赢。

一、文旅融合与非物质文化遗产保护与传播的联系

文化旅游主要涵盖历史遗迹、文化建筑、区域内博物馆等项目的游览参观,以及宗教信仰人士的朝圣行为等。在我国,文化旅游业已经成为推动地方经济发展和文化产业进步的重要力量。参与文化旅游的游客,往往热衷于体验当地特色文化,消费特色产品。对他们而言,旅游不仅是休闲娱乐,更是一种深入了解和感受异地文化的机会。在很多地区,文化旅游产业已经成为支撑当地经济发展的重要支柱,也是我国文化产业的重要组成部分。它通过实践活动,将当地的信息、知识、意象等文化资源转化为经济效益,实现了文化价值和商业价值的有机结合。文化旅游产业的核心理念是创新。借助文化科技的力量,可以提升城市的文化底蕴和品质,进而增强城市的影响力、聚集力以及吸引力。在这个过程中,如何实现文化旅游的稳定、快速发展,同时保护好日益萎缩的非物质文化遗产,成为当前非物质文化遗产保护关注的焦点问题。

在我国,非物质文化遗产产品,如手工艺品等,自古以来便具有对外销售的属性。这些产品见证了当地文化的传承与发展,至今仍被视为当地文化最具代表性的事物。然而,这些非物质文化遗产产品的发展规模相对较小,形象单一,使得它们在文化旅游市场中难以独立、自主。此外,这些产品还缺乏时代感和时尚感,随着文化旅游产业的发展,它们很可能被市场淘汰。近年来,我国各民族传统手工技艺和文艺表演加速萎缩,这一现象正是由于上述原因所致。这一状况在国家大力倡导保护非物质文化遗产政策后得到了遏制。非物质文化遗产必须在保

持自身文化个性的基础上凸显现代性,而不能一成不变,落后于时代。在坚持民族、独创的基础上谋求发展,才能使非物质文化遗产经久不衰。为了更好地融入文化旅游产业,非物质文化遗产必须保持鲜明的时代性、兼容性,并注重自身的创新发展。这样,非物质文化遗产才能在文化旅游产业中发挥更大的作用,推动当地经济和文化产业的发展。

作为民族文化延续的血脉,非物质文化遗产是不可割断的存在。事实上,非物质文化遗产是民族进行自我认知的凭证,也是民族延续和走向未来的重要推动力。非物质文化遗产是沟通传统文化与现代文化的纽带和桥梁,没有这个联结点,过去与未来之间就会出现文化断层,不能为后续发展提供动力,民族记忆也会出现断层,甚至出现精神空虚的局面。在经济发展大潮中,不能因为要发展经济就切断民族历史记忆。非物质文化遗产是普通百姓创造的,也是群众普遍认同的,但是却被大众认为是底层文化而被长期忽视。非物质文化属于养育我们的生活文化,是民族特性的直接表达,具有强大的凝聚力。所以,非物质文化遗产是民族精神本质的体现,更是民族文化延续的血脉。

二、文旅融合促进非物质文化遗产传承发展的路径

(一)开发非遗虚拟旅游产品

在信息化社会的背景下,我们可以看到,数字化技术以强大的力量渗透到社会的方方面面,与以信息技术为基础的数字化一道,对我国非物质文化遗产的保护与传承发挥着越来越重要的作用。非物质文化遗产作为我国传统文化的重要组成部分,它的活态性决定了其保护与传承的方式不能仅停留在记忆工程和实物收藏的层面上。真正的积极保护是创造一种可持续的、适应时代发展的现代化生存方式。然而,许多非物质文化遗产正面临着失去存活环境的困境。在这个问题上,如何让那些优秀的非物质文化遗产适应变化了的时代与环境,让其在新的环境和土壤里找到新的生存方式,成为当前非遗保护和传承中的根本性问题。

我国在非物质文化遗产旅游资源的开发方面已经取得了显著的成果。成都成

功打造出了国内第一家以非物质文化遗产为核心的 AAAA 级文化旅游景区。合肥依托非物质文化遗产资源，打造出了高层次、高品位、大规模的中国非物质文化遗产园。大连也紧跟潮流，规划建设非物质文化遗产创业园。我国各地对非物质文化遗产的旅游开发呈现出百花竞放的态势。旅游市场已经深度介入非物质文化遗产的保护与发展工作，成为推动非物质文化遗产传承与创新的重要力量。

随着数字化时代的到来，我们进入了一个全新的领域，那就是非物质文化遗产的数字化和虚拟化保护。在这个领域，我们积极探索，以网络和数字技术为工具，将实体博物馆的各项职能以数字化方式呈现于网络上的数字博物馆。旅游业的跨地域性、不可转移性，旅游服务的无形性问题，以及现实旅游发展过程中的真实性问题、文化过度商品化问题、旅游需求与供给不平衡的矛盾，这些难题在虚拟旅游的推动下得以一举突破。虚拟旅游为旅游业提供了全新的发展空间，也为非物质文化遗产的传承提供了强有力的支持。

1. 虚拟旅游的概念

随着科技的飞速发展，虚拟技术、网络技术、多媒体技术等逐渐融入我们的生活中，为各个领域带来了前所未有的变革。在当下，一种全新的旅游形式——虚拟旅游应运而生。它以高科技为支撑，打破了传统旅游的时间和空间限制，让游客能在足不出户的情况下，畅游世界各地，领略各种风土人情。我国在将新技术与旅游相结合的尝试中取得了丰硕成果。敦煌研究院的数字敦煌虚拟漫游系统就是一个典型例子。该系统成功解决了敦煌石窟的开发利用与保护之间的关系，使游客在不进入石窟的情况下，也能欣赏到精美的石窟文化。此外，虚拟明孝陵网站也应用了德国公司提供的虚拟现实技术，开发了一套多用户网上交互平台。在国际上，虚拟旅游也受到了广泛关注。意大利制作发行的古埃及虚拟旅游系统，通过 360° 全景模型和 3D 模型，将古埃及栩栩如生地展示在游客面前。游客在家中就能实现虚拟漫游，仿佛置身于古埃及的世界中。此外，加拿大不列颠哥伦比亚大学与我国北京万方幸星数码科技有限公司联合开发的"虚拟圆明园"，运用虚拟现实技术让游客一睹昔年圆明园的风采。

第五章　非物质文化遗产的传承发展创新探析

在当今科技飞速发展的时代，非物质文化遗产的保护与传承成为我国文化事业发展的重要任务。为了更好地推广和传承非物质文化遗产，将其与旅游产业相结合，形成一种全新的旅游产品——非物质文化遗产虚拟旅游产品，成为文化传承与旅游业发展的一大创新途径。非物质文化遗产虚拟旅游产品，是指通过运用数字摄影技术、虚拟现实及相关技术、三维信息获取与多媒体技术等先进的网络技术，构建出一个逼真的虚拟旅游场景。

非物质文化遗产虚拟旅游产品作为一种新兴的旅游形式，其主要特点可以总结为以下几点：第一，虚拟旅游为游客提供了一种全新的旅游体验。通过轻点鼠标，游客可以实现在虚拟旅游目的地进行自主、超时空的漫游。第二，虚拟旅游产品以逼真、生动的虚拟场景再现了现实中的旅游景区，构建了早已消失的历史场景。第三，非物质文化遗产虚拟旅游产品具有较强的互动性。在虚拟漫游过程中，游客可以与虚拟手工艺人、虚拟表演艺术家进行互动，感受非物质文化遗产的魅力。第四，旅游电子商务平台刺激了游客在进行虚拟旅游时产生实地旅游的欲望。游客可以通过平台预订旅游服务，实现从虚拟到现实的无缝衔接。

2. 构建非物质文化遗产虚拟旅游场景的优势

非物质文化遗产作为我国传统文化的精髓，它的生存与发展紧密依赖于其生存环境和文化载体。一旦离开了孕育它的土壤，简单地复制到其他环境中，便可能失去原有的文化特色，变得格格不入。因此，如何保护和传承非遗文化，使其原汁原味地呈现在世人面前，成为一个亟待解决的问题。

在现代科技飞速发展的背景下，虚拟现实技术为非遗文化的保护和传承提供了新的可能。通过运用虚拟现实技术，我们可以根据非遗项目的特色，对其生存环境和文化氛围进行高度还原。这样一来，非遗文化便得以重新生活在最适合它的环境中，展现出最真实的一面。游客们可以在虚拟漫游的过程中，身临其境地感受非遗文化的魅力，深入了解非遗项目的内涵。

3. 开发非物质文化遗产虚拟旅游产品的具体举措

（1）用户体验入口

虚拟旅游产品体验的实现，始于游客通过搜索引擎或其他途径找到虚拟旅游网站的那一刻。在网络信息爆炸的时代，搜索引擎成为我们寻找所需信息或服务的重要工具，例如谷歌、百度等。在众多旅游搜索引擎中，以去哪儿、携程等为代表的垂直搜索引擎脱颖而出。它们为旅游网络用户提供了丰富的信息，使得用户能够轻松获取所需内容。只要用户根据需求输入关键词，这些搜索引擎就能立刻跳转到相关的信息说明或近似网址链接。这样一来，用户就能迅速锁定目标，并进入目标网站，开始探索虚拟旅游产品。

（2）优化虚拟旅游产品体验界面

非物质文化遗产虚拟旅游产品是一种新兴的旅游形式，它通过运用虚拟现实技术、全景图技术等先进科技手段，对现实中存在或已经消失的非物质文化遗产旅游场景进行虚拟重构。这种创新的方式旨在让游客能够在体验中感受浓厚的历史文化氛围和独特的民间文化遗产。当用户进入非物质文化遗产虚拟旅游产品的体验界面时，他们首先会被虚拟场景的氛围所吸引。这些虚拟场景重现了非物质文化遗产的原貌，让游客更加深入地了解和感受非物质文化遗产的独特魅力。

虚拟旅游技术的发展和应用，正逐步改变着人们的旅游方式和旅游体验。在传统的旅游方式中，游客受到时间、地点、交通等因素的限制，无法全面深入地了解和体验景区的美景和文化。然而，通过虚拟旅游的方式，游客可以在家中轻松地进行景区漫游，感受各种非物质文化遗产的魅力。游客可以通过拖动鼠标，随心所欲地在景区的任何地方进行体验。这种分布式和交互式的虚拟现实技术为游客提供了精确、详细、真实的视觉三维信息，让他们仿佛身临其境。不仅如此，分布式虚拟现实技术还让来自世界各地的游客可以同时参与虚拟场景的漫游，打破了地域和时间的限制，让人们能够更加便捷地共享旅游的快乐。在虚拟旅游场景中，游客可以参与到各种丰富的活动中，如蒙古族的歌舞大赛、彝族的火把节、老北京的庙会等。这些活动不仅能让游客感受到各个地区的特色文化，还能让他们亲身体验到非物质文化遗产的魅力。通过虚拟旅游,游客可以随时随地参与到这些活动中,不再受限于实际的交通和时间。

游客在我国的非遗旅游中,有了全新的体验方式——非遗虚拟产品。这些虚拟产品丰富多样,能满足游客的各种兴趣需求。例如,对于喜欢民间艺术的朋友,可以参与到虚拟的街头卖风筝活动中,体验手把手学习制作喜欢的风筝的过程。通过视频形式,游客可以欣赏到国内外知名的风筝作品,以及各类旅游信息。此外,游客还可以查询到如潍坊风筝节等活动的举办时间、地点等相关信息。为了让游客更好地准备实地旅游,虚拟产品提供了丰富的音频、视频、文字、动画、图片等资料。游客可以根据自己的兴趣,通过强大的搜索功能直接选择喜欢的非遗旅游产品类型。例如,对于热衷于山东地方戏曲的游客,他们在家中就能听到柳子戏、五音戏、吕剧等山东特色剧种的景点代表曲目选段。这些虚拟产品不仅为这些剧目提供了动画和视频形式的展示,还详细介绍了每个剧种的代表人物、发源地、演出时间和地点等信息。通过这种方式,游客在实地旅游前就能做好充分的准备,更好地领略和欣赏我国的非遗文化。

在虚拟旅游中,游客可以进入一个全新的世界,一个由非遗文化元素构建的虚拟场景。游客不再是被动的观光者,而是可以主动参与、互动的探索者。虚拟导游系统会为游客提供丰富多样的旅游路线,每条路线都独具特色,涵盖了各种非遗文化元素。例如,游客可以选择以某一地区的传统歌谣、舞蹈、曲艺、杂技等表演艺术为主题的路线进行游览,感受传统文化的魅力;或者选择以传统民俗活动表演为特色的专题路线,体验各地独特的民俗风情。

(3)旅游电子商务

网络虚拟旅游作为一种新兴的旅游形式,日益受到广大游客的青睐。在虚拟旅游过程中,游客不仅可以在线领略各地的美景,还能轻松实现对实地旅游服务和旅游商品的购买。为此,旅游行业纷纷着手在虚拟旅游平台中构建购物模块,以满足游客的消费需求,也为旅游企业和酒店预订等行业提供一个新的营销渠道。在实际旅游出行中,食、住、行、游、购、娱六大要素是游客必备的。如何提前妥善解决这些问题,让游客的出游更加省时、省力,成为在线网络旅游的重要任务。通过网络，游客可以轻松预订旅游景区门票、酒店住宿、交通工具等，还可以采用新型网络团购方式购买旅游目的地的餐饮、娱乐等商品。这些便捷的购买方式成为游客出游的得力助手。

旅游购买模块的建立旨在为广大潜在游客提供一站式的非遗旅游解决方案。这个模块主要包括食、住、行、游、购、娱六个方面的信息，满足游客在非遗旅游过程中的各种需求。旅游购买模块为游客提供了全方位的非遗旅游解决方案，使游客能够轻松规划行程、享受优惠、购买特色商品。同时，这也是旅游企业与网站的重要盈利方式，有助于推动非遗旅游产业的发展。

此外，非物质文化遗产虚拟旅游产品在我国旅游市场中的地位日益提高，其独特的传播方式和多样化的展现形式使其成为展示地区非遗旅游资源的理想窗口。为了让更多人体验到非物质文化遗产的魅力，政府旅游部门和相关企业应共同努力，充分利用虚拟旅游产品这一有力工具，推动非遗旅游的发展，开拓更大的市场。首先，政府旅游部门应高度重视非物质文化遗产虚拟旅游产品的发展，将其纳入区域旅游营销规划中。其次，虚拟旅游企业应充分发挥整合营销的优势，拓宽传播渠道。再次，创新宣传手段，提出富有创意和吸引力的主题宣传标语，突出非遗虚拟旅游产品的特色和亮点。最后，紧跟时代潮流，运用年轻人喜爱的社交媒体进行宣传。比如，利用微博、抖音等平台，发布非遗虚拟旅游产品的相关信息和精彩片段，吸引更多的年轻消费者关注和参与。

（二）加强政府的统筹规划

在引导做好非遗保护、传承发展方面，政府的作用是不可或缺的。非遗是公共文化产品，需要政府部门以"有形的手"积极合理地引导非遗产业的发展，引导社会重视非遗保护、传承。政府部门应当合理统筹安排本区域非遗产业的整合升级，规划实施非遗产业与旅游产业之间的互联互通、合作发展。

（三）推动资源整合工作

我们应在尊重不同类型非遗特点的基础上，丰富非遗和旅游的融合形式，对市场上的非遗产品进行整合开发，打破分散弱小的格局，在不断完善非遗旅游产业链和消费链的基础上，形成规模化发展。此外，还要充分利用非遗产品的独特性、品牌性、原真性、神秘性等特点，坚持活态性、时代性、亲民性等开发原则，针对不同地域、不同文化背景的人群，打造一批有市场竞争力的产业化、品牌化的非遗产品。

（四）加大宣传工作

非遗产业不是故步自封的，而应该积极与他人交流合作、学习借鉴。与不同文化机构的交流合作有利于知己知彼，应该了解当前各地方非遗工作的大体情况，取长补短，学习其他地方的先进经验，引进先进方法、先进机制。非遗活化创新是文化产业不可忽视的重要内容，这也就需要非遗的复合型专业人才：一方面，应该积极从各大高校引进文化产业的专门人才，让他们与本地文化切磋磨合；另一方面，则需要针对本地的非遗传承人、文化工作者进行培养教育，提升其非遗工作能力。要借用各种宣传渠道做好非遗宣传工作，这就要求综合利用线上、线下的多种宣传媒介。在条件合适的非遗旅游地加大AR、VR等技术的应用，将非遗元素与技术相联结，增强游客的代入感，扩大非遗的影响力。同时，充分利用微信、微博等自媒体平台，抖音、快手等短视频软件，打破非遗宣传的时空壁垒，实现非遗新型传播模式。同时，借助文化和自然遗产日等节庆活动，不断推陈出新，生产各种非遗产品，吸引广大游客，提升非遗传播力度。

（五）加大非遗旅游文化宣传

拥有丰富非物质文化遗产的地方，也有着可供开发的多种类型的资源，这些资源具有极高的旅游开发价值。首先，将非物质文化遗产旅游开发纳入国民经济和社会发展体系至关重要。此外，加强非物质文化遗产的保护和传承也是提升旅游开发价值的关键。其次，要加强区域间的合作与交流，实现非物质文化遗产旅游资源的共享。要充分发挥我国非物质文化遗产旅游的开发潜力，就需要各级政府部门、社会各界共同努力，加强合作，制定科学、合理的开发策略，将非物质文化遗产旅游纳入国家发展战略，使其成为推动我国旅游业高质量发展的重要引擎。

1. 要制定整体规划，进行精细宣传

在非物质文化遗产的开发利用过程中，我们需要充分考虑地方整体生态环境和非物质文化遗产的实际发展情况，确保其在保护和传承的基础上，发挥出更大的价值。各地非物质文化遗产各具特色，因此在开发利用时应充分挖掘其独特性，制定有针对性的发展规划。在制定产业发展规划时，要充分考虑非物质文化遗产的特性和市场需求，创新产业业态，实现文化与经济的有机结合。在旅游开发过程中，要注重保护非物质文化遗产的原生态和真实性，防止商业化和过度旅游开发对文化资源造成破坏。

2. 创新宣传方式，调动游客兴趣

当前，我国对于非物质文化遗产旅游的宣传存在宣传方式粗放，内容不够丰富，无法全面展示非物质文化遗产旅游的独特魅力等问题。近年来，随着 VR 技术的发展和应用，旅游业迎来了新的机遇。这种技术能够实现真实与虚拟的无缝融合，为游客提供更为真实的体验和互动。这不仅能够提升游客的旅游体验，还能够让非物质文化遗产旅游更加生动有趣，进一步吸引中青年群体的关注。通过模拟现实，让游客提前了解旅游目的地的风土人情，提前体验非物质文化遗产的魅力。这样，游客在实际参观时，就能更加投入，获得更好的旅游体验。

3. 完善解说系统，促进非遗传播

非物质文化遗产旅游景区作为传承和弘扬传统文化的重要载体，几乎在各个地区都设有解说人员，他们肩负着向游客展示非遗魅力的重任。针对解说人员，当地旅游开发部门有责任为其提供专业化培训，提升导游的自身素养。另外，解说内容的丰富与创新也至关重要。当前，许多非物质文化遗产景区的指示牌过于简陋，提供的信息有限，往往仅包含文物名称和产生时间，而详尽的解说内容却寥寥无几。此外，景区还可以通过举办各类非遗文化活动，如技艺展示、传承人讲座、互动体验等，让游客更加直观地感受非遗的魅力。同时，结合现代科技手段，如 VR、AR 等，为游客提供沉浸式的游览体验，让非遗文化走进游客的心中。

4. 完善旅游指示，塑造文化氛围

一些地区，非物质文化遗产旅游的道路上都存在一个不容忽视的问题：缺乏清晰明确的指引性标志。这无疑给自驾旅游者带来了很大的困扰，很容易使他们偏离正确的路线，无法充分体验和了解当地的非物质文化遗产。首先，需要在标志的设计上注重人性化，使其更加符合游客的视觉和认知习惯。其次，标志的设计应充分融入当地非物质文化遗产的特色元素，如图画、文字、颜色等。这样，游客在行驶途中就能感受到浓厚的地域文化氛围，从而提升他们对非物质文化遗产旅游的兴趣和认同感。

第四节　数字化时代下非物质文化遗产的传承发展

数字化时代背景下推动非物质文化遗产的传承发展主要有以下举措：

一、开展数字化非物质文化遗产的演出

将数字化技术、网络技术与文化演出融合在一起，是当今互联网时代的发展趋势。将文化演出节目进行数字化录制或采购，并在云平台上发布，可以极大地丰富老百姓的文化生活，让老百姓不花钱也能观赏到非遗文化艺术演出。通过一段时间的积累，数字化非遗文化演出内容将会成为一个百花齐放的时尚文化"大花园"。

（一）数字化非遗文化演出的优势

1. 突破空间与时间限制

数字化非遗文化演出能让受众在更广阔的空间和更自由的时间上网欣赏任意想看的精彩非遗节目。

2. 深化与再创作

数字化非遗文化演出的深化与再创作是指对现场既定非遗文化演出内容进行

加工深化和二次创作，使非遗文化内容更为丰富、呈现形式更为多样，例如真人录制的小品可以用动画形式进行再创作和演绎。

3. 门槛低，普惠公众

欣赏数字化非遗文化演出的门槛降低，甚至免费，使非遗文化演出能真正走进千家万户，让人民群众欣赏到更多、更高品质的非遗文化演出内容。

4. 信息集成，提高效率

数字化非遗文化演出是内容的大集成，它使相关信息的管理更加方便、有效，不但解放了相应信息管理者的人力，而且提高了管理工作效率。

（二）确保非遗文化演出成为可供公众共享的文化资源

非遗文化演出是一种世代相承、与群众生活密切相关的公共文化表现形式，也包括与口头传承、表演艺术、民俗活动、礼仪和节庆等表现形式相关的演出界面。在现实生活中，非遗文化演出也是司空见惯的。非遗文化演出有多种性质，有公益性的，人人都有机会去欣赏；有营利性的，要有具备经济承受能力的人才能享用；有特定性的，只针对特定符合条件的人开放。

数字化非遗文化演出指通过录制、编辑或者版权购买等方式，运用文字、音频、视频、数字化多媒体等现代化科技手段，将非遗文化演出形成海量资源库的一种非遗文化演出形式。数字化非遗文化演出不但能对珍贵的、濒危的、具有历史价值的精彩非遗演出、非遗名家名段等节目进行真实、系统和全面的记录，还能为时刻发生的、雅俗共赏的演出内容建立档案和数据库，并通过城市公共文化云进行互联网络上的直播与点播。

（三）数字化非遗文化演出的具体内容

1. 非遗演出场所的展览展示

不少非遗文化演出场所既是艺术的殿堂，又是供人们观览的场所，如北京的国家大剧院、上海的东方艺术中心等。对于大多数人来说，能进入这样的演出场所的机会并不多，而数字化非遗文化演出将这些经典的文化演出场所通过三维现实虚拟方式,还原在网络平台上,人们只需要点击鼠标就可以在艺术的殿堂中遨游,这种方式极大地满足了大众的文化需求。再与可互动呈现的数字地图、数字照片、文字、声音、视频等多种媒体表现形式相结合,便形成了一套内容丰富、方便实用、技术先进、操作简单、提示友好、人机互动的多媒体三维互动展示。观众通过沉浸式的自动漫游和手动漫游,就可以徜徉在非遗文化演出的艺术殿堂里,这无疑为非遗文化传播提供了最好的体验。

2. 非遗文化演出图文采编

非遗文化演出图文采编是指对过往发生的和现在发生的非遗文化演出、舞台艺术作品、表演艺术的研究与评论、非遗表演者、非遗艺术家等进行有选择性的图文采编。将图文作为记录非遗文化演出内容库的数据之一,在互联网网页上以图文方式呈现,可以满足大众的非遗文化需求。

3. 非遗文化演出声音录制

非遗文化演出声音录制是指将音乐、歌曲、戏曲等有声艺术表演曲目进行组织录制、现场录制或整理转制,形成大众能及时分享的数字化声音表演剧目库。互联网或无线电波等传播手段的运用,不仅使其成为公共文化内容的一部分,而且方便人民群众随时查询、欣赏以及进行普及教育、兴趣研究等。

4. 非遗文化演出视频录制

所有的非遗艺术表演形式都可以通过视频、录像等方式进行留存和传播,所以,可以采取组织录制、现场录制或整理转制等手段,建立非遗文化演出视频的数字化剧目库,为广大人民群众提供非遗文化服务。

5. 非遗文化演出的购买和内容合作

非遗文化演出数字化的内容库不仅在建设时间上具有局限性,在艺术表演剧目版权等方面也受到诸多限制。为丰富数字化非遗文化演出内容,完善艺术表演的收集、整理和保护工作,一般采用购买或内容合作的方式。

数字化非遗文化演出是非遗艺术表演团体和个人从局部的小众市场走向大众市场的有效途径,是让大众广泛接受文化表演艺术熏陶、享受表演艺术美感及提高艺术修养的公共文化服务，是在科技发展与时代进步背景下公共文化发展的必由之路。

二、加强非遗档案信息化建设

非遗档案信息化建设是新时代背景下传统文化传承与发展的重要手段。通过现代科技手段，可以将非遗档案转化为数字化形态，不仅有助于保护非遗文化，提高管理效率，还能促进文化交流与传播，丰富民众文化生活。

我国非遗档案的建设和信息化工作在政策的引领下逐步落实并展开。在这个过程中，文化部门、档案馆、图书馆和博物馆等文化事业机构形成了合力，纷纷投身到非遗档案建设和信息化工作中。这些机构充分发挥各自的优势，为我国非遗档案的建设和信息化工作作出了重要贡献。

（一）非遗档案信息化建设的原则

1. 统一领导，分级管理

在我国，非物质文化遗产档案信息化建设是一项重要的任务，它关乎着我们民族文化的传承和保护。为了能更好地推进这项工作，需要构建一个高效的工作机制，确保各部门之间的协调和合作。首先，政府需要对全国范围内的非物质文化遗产档案信息化建设工作进行统筹规划和管理。其次，要充分结合我国的具体国情，做好分级管理工作。在具体工作中，我们可以依据非物质文化遗产名录及非遗档案的不同价值，对管理级别进行划分。此外，政府还需要制定相应的政策和法规，为非物质文化遗产档案信息化建设提供制度保障。

2. 强调原始性、优先性

在非物质文化遗产档案信息化建设过程中，需要强调其原始性，有效地实现对非遗档案原生的、真实的历史面貌的维护。特别是现代信息技术取得了较快的发展，可以将一些非遗档案转化为数字化格式完整地保存下来，对于一些非语言类，某种技能、手艺及曲艺的技巧等，可以利用多媒体技术进行记录，真实、完整地对其文化结构进行还原，充分体现出非物质文化遗产档案原有的文化特质。在对非物质文化遗产档案信息化建设过程中，可以遵循优先性原则，根据相关的标准和要求，对那些极富特色和价值的重要非物质文化遗产档案进行信息化处理。特别是从我国目前的情况可以看出，非遗档案信息化建设应运而生，这是一项长期的、系统性的工程。非遗档案信息化建设需要与实际情况进行有效结合。由于非遗资源丰富多样，非遗档案建立时需要对其进行筛选，区分出主次，以便有针对性地进行建档。对于一些具有重要保存价值的非遗档案，应该优先进行信息化处理。这不仅有助于防止非遗文化的消失，也是"保护为主，抢救第一"方针的重要体现。非遗档案信息化建设还需要注重档案的整理和保管工作。

3. 技术具有可行性和通用性

技术在非物质文化遗产档案信息化建设中的核心地位是不可忽视的。在实际的建设过程中，我们必须强调技术的可行性和通用性。这是因为在信息化建设的道路上会涉及众多的高新技术，每一个技术的应用和实践都会对档案信息服务的质量产生直接的影响。同时，它会对未来持续开发以及其他信息系统的共享和兼容性问题产生影响。因此，我们在选择技术的时候，必须做好深入的比较分析。我们需要根据多方面的调研结果以及国家的相关标准，来选取那些成熟、具有良好的可扩展性、开放性和适用性的技术，这样，我们才能确保非物质文化遗产档案信息化建设的顺利进行。

一旦信息化建设过程中选择的信息技术通用性较差，则会给文化交流和对话之间带来较大的阻碍，制约信息化建设的步伐。在具体工作中，为了提高信息产品的通用性和标准化，我们需要遵循国际和国内通用的网络传输协议和格式。这些协议和格式有助于确保我们的信息产品能够更好地适应网上传输和信息资源共享的需求。此外，我们还需要采用数字加工标准和分类标引等标准，以提升信息的加工质量和检索效率。

4. 重视效益，保障安全

非遗档案信息化建设是我国文化事业发展的重要任务。在推进这一过程中，不仅要关注档案信息的数字化、网络化、智能化建设，还应充分重视其效益和安全性。非遗档案信息化建设过程中，要在保证质量的前提下，力求以较小的投入获得最大的效益。这意味着我们要关注成本效益分析，确保项目的经济可行性。档案信息作为一种公共物品，其利用效益评价不应以经济效益为唯一目标，但我们需要对其进行相对清晰的估算和评价，以衡量投入的科学性、针对性和持续投入的必要性。非遗档案信息化建设的安全性主要包括三个方面：档案原件的安全、数字化档案内容与档案原件相吻合，以及非遗档案信息内容的安全。为保证档案实体的安全，我们应加强技术研究，积极采用新技术来防范病毒、黑客等威胁。同时，建立健全管理制度，根据不同密级来确定利用者的访问、利用权限，控制访问的许可范围。非遗档案信息化建设需要根据自身条件和能力，对投入成本和预计收益进行可行性分析。并非所有的非遗档案信息都需要实现网络检索，也并非所有的都需要一次性全部数字化。根据非遗档案的特色和重点，我们应充分利用信息技术，提高服务水平与层次。这包括对非遗档案进行分类、整合、挖掘和传播，满足不同利用者的需求。同时，加强与其他相关领域的合作，共享资源，提高档案信息的利用价值。

（二）非遗档案信息化建设的具体方法

1. 加强硬件建设

在非物质文化遗产的档案信息化建设中，首先需要进行硬件建设，确保硬件设备满足信息化管理的需求，常用的硬件设备有电脑、扫描仪、打印机以及交换器等。非物质文化遗产档案管理部门需要结合本单位的工作需要和资金情况，购买所需的硬件设备，确保购买的设备质量过关，性能符合工作需求。同时，需要在日常的使用中对硬件设备进行维护，使其保持良好的运行状态，这样既可以保证硬件设备的工作质量和效率，又能够保证硬件设备的使用寿命，避免经常维修、更换硬件设备造成经济上的损失。

此外，结合硬件设备的使用频率和维修、维护需求，建立全面的硬件设备管理制度，强化硬件设备的管理效果，提高硬件设备的综合使用率，并随着非物质文化遗产档案信息化建设的发展、硬件设备的优化和增加等实际情况，不断完善硬件设备的管理制度，促使硬件设备在非物质文化遗产档案信息化建设中发挥出最大作用。

2. 优化软件系统

首先，建立关键词检索系统。为消除非物质文化遗产传统档案信息管理查阅费时的弊端，可在非遗档案信息库中建立关键词检索，便于在查阅资料的过程中快速检索出所需内容，减少档案信息查阅时间，进而提高使用效率。

其次，对非物质文化遗产档案信息进行有效、有序的管理，提高管理质量，需要将各类信息进行分类管理。按照非物质文化遗产的类别，分别建立不同的档案管理区域，使档案的管理工作更加秩序化。同时，这样的管理方式能够有效增加非物质文化遗产档案信息容量。因此，在非物质文化遗产档案管理信息化建设中，还要结合工作的需要不断优化软件管理系统。

3. 构建共享平台

非物质文化遗产保护和档案信息管理，是为了增加人们对非物质文化遗产的认识，了解非物质文化遗产的内容，最终使群众参与到保护工作中。因此，非物质文化遗产档案信息化建设需要建立共享平台，方便人们查看相关资料，在全国范围内实现非物质文化遗产保护。共享平台中需要完善非物质文化遗产数据库，增加非物质文化遗产档案的信息含量，并通过以上的安全保护措施和关键词检索等，提高共享平台服务的有效性。同时，注意共享平台中非物质文化遗产档案信息的使用和查阅情况，了解人们对非物质文化遗产资料的需求，并在工作中不断完善与之相关的资料，为人们提供更准确的非物质文化遗产信息，提高共享平台的服务水平。

例如，可以构建一个面向公众需求的非物质文化遗产档案网站。这个网站是非遗档案信息化建设的重要组成部分。近年来，随着社会对非遗档案的关注度不断提高，其社会利用需求也日益旺盛。然而，现有的非遗档案主要以静态的文字信息为主，这种形式已经无法满足利用者日益提高的个人素质和欣赏水平。因此，建设一个非遗档案网站显得尤为重要。通过网站，可以将非遗档案与利用者紧密地连接起来，让更多的人有机会了解和接触到非遗档案。此外，非遗档案网站还可以定期举办各类活动，如线上讲座、非遗技艺展示等，让用户更深入地了解非遗文化的内涵。同时，还可以设立互动环节，鼓励用户分享自己的非遗体验和感受，形成一个良性的非遗传播氛围。

建设非物质文化遗产档案网站，要将其打造成一个全面、立体、动态的非遗档案展示平台和相关信息发布窗口。在具体实施过程中，建设人员需要充分考虑各类用户群体的信息需求，因此，网站的栏目设置要多而全面，以便满足不同人群的浏览和查询需求。

4. 构建非遗档案数据库

我国的非物质文化遗产数据库数量庞大，涵盖了丰富的文化信息。然而，这些数据库大多存在系统性不足的问题。即使是已经被列入名录的项目，也没有完整的档案供人们查阅和利用。这种情况显然无法满足社会大众了解和传承非物质文化遗产的需求。在这样的背景下，必须正视我国非物质文化遗产档案资源数据库的建设状况，并采取有效措施提高数据库建设的总体水平。需要从国家层面进行设计和规划，构建一个全国性的数据库系统。这个系统将确保各个数据库在统一的框架下进行建设，消除现有数据库之间的孤立状态，实现共建共享。

建立非遗档案数据库应注意以下几个方面：

（1）政府主导、统筹规划

数据库建设是一项覆盖面广泛、涉及主体众多的复杂工程。在缺乏政府主导和统筹规划的情况下，建设成果往往会出现参差不齐的现象，特别是会出现大量重复建设的情况。这种情况不仅不利于数据库的保护，反而会提高管理成本，浪费资源。政府主导和统筹规划的重要性在于，它能够充分发挥政府在政策支持、工作组织、资金投入等方面的优势。

（2）分级建设、全国联动

数据库系统作为我国非物质文化遗产保护的重要工具，其建设需要全国各级部门的协同配合。在这个过程中，国家文化部门、全国非物质文化遗产保护中心、国家档案局三方共同承担起了制定总体框架、提出总体目标的重任。他们的目标是构建一个全国联动的系统工程，以保障非物质文化遗产项目的齐全完整，并提高建库效率。

（3）多方合作、公众参与

非物质文化遗产保护工作参与主体繁多，涵盖政府机构、专家学者、传承人以及广大民众。要构建一个全面、系统的数据库，就必须突破机构间的局限，实现多方协作与互动。在这个过程中，代表性传承人以及特定区域公众的参与显得尤为重要，因为他们对非物质文化遗产的传承与保护具有"草根性"的优势。我国可以借鉴国外在非物质文化遗产社会归档工作中的成功经验，如利用视频网站、多人协作的写作系统、档案馆2.0等理念和技术。这些参与模式不仅体现在档案的提供方面，还体现在档案资源的分类、组织方面，从而让更多人参与到非遗档案的整理、研究和传播中来。

①非遗档案目录数据库

我国的非物质文化遗产具有广泛性和复杂性，使得非遗档案数据库建设的任务艰巨而又重要。我们要立足于非物质文化遗产名录体系，这是非遗档案数据库建设的基石。在这个基础上，我们要建立非物质文化遗产目录数据库，以实现信息资源的整合，提供方便快捷的信息查询，及时更新和组织非物质文化遗产申报。中国非物质文化遗产名录数据库得到了福客网技术的大力支持，已经较为全面地记录了我国现存各地区的非物质文化遗产名录，并对所有利用者公开。这个数据库的建立，使得我国非物质文化遗产的信息整理和传播变得更加便捷，为公众了解和传承非物质文化遗产提供了重要途径。

②非遗档案专题数据库

目前，我国在非物质文化遗产的保护和传承方面已经取得了显著的成果。其中，一系列非物质文化遗产专题数据库的建成为中国荣昌陶艺、楚雄彝族、山西戏剧文物、伏羲文化等非物质文化遗产提供了有力的数据支持。这些成功案例为非遗档案数据库的建设提供了宝贵的经验，值得我们深入学习和借鉴。首先，我们要认识到，非物质文化遗产档案数据库的专业性和地域特色是其最重要的特点。相较于综合性的多媒体数据库，专题数据库更加针对特定非遗项目，深入挖掘其内涵，展现出更丰富、更鲜明的地方文化特色。其次，优秀的非物质文化遗产专题数据库应符合多媒体数据库建设的各项标准，包括数据来源的真实可靠性，信息组织形式的多样性，以及提供多途径、多入口的检索功能，确保易用性和实用性。最后，非遗档案数据库的建设是一个长期、系统的过程。在这个过程中，我们需要从多个层面进行研究和探讨，如非遗档案的收集、整理、分类、存储、展示和传播等。

③非遗档案传承人数据库

非遗档案传承的特点，即人在艺在、人亡艺亡，艺在人身，艺随人走。这意味着非遗文化的传承离不开传承人群，他们是将非遗文化世代相传的关键载体。为了更好地保护和传承非遗文化，我们必须建立传承人档案数据库。这个数据库应包括传承人个人的基本信息、艺术成就等详细资料，以便于我们全面了解传承人的生存状况。政府部门和社会各界要共同努力，为传承人提供良好的传承环境，确保非遗文化的传承和发展。同时，加强对非遗档案传承的政策支持和资金投入，为传承人提供必要的培训、交流和展示平台，激发他们的传承热情。

④建设基础信息资源数据库

非物质文化遗产基础信息资源数据库建设旨在全面、系统地收录和展示我国非物质文化遗产的丰富内涵和独特价值。在非物质文化遗产基础信息资源数据库中，首先收录的是全国及地方各级非物质文化遗产代表性项目名录和传承人的相关信息。这些名录和传承人是非物质文化遗产的核心载体，他们的传承和保护工作对于非物质文化遗产的传承和发展至关重要。数据库中详细介绍了各级非物质文化遗产的项目名称、项目类型、项目简介、传承人等信息，以便于公众了解和认识这些珍贵的文化遗产。

⑤建设理论科研数据库

非物质文化遗产学作为一门独立的新兴学科，虽然历史相对较短，但其综合性非常强，涉及多个领域。这一学科涵盖文学、音乐、舞蹈、美术等，还包括社会实践、礼仪、节庆活动等。在学科分类上，它与人类学、民族学、考古学、建筑学等学科有着紧密的联系。由于非物质文化遗产学的研究视角和对象众多，建立一个系统性、理论性强，自成体系的数据库尤为重要。这一数据库应当汇集全国各地，乃至全球研究非物质文化遗产的专家和学者的成果与经验。通过这样一个平台，研究者和学习者可以更方便、及时地了解我国非物质文化遗产保护的发展方向和最新成果。这将有助于推动非物质文化遗产研究的理论发展和科研水平提升，为我国非物质文化遗产保护工作的推进提供强大的理论支持。

⑥建立非遗数据整理制度体系

在信息化时代，大数据的核心在于基础数据的收集和处理。这些基础数据，包括各类统计数据、地理信息、人文历史等，是构建大数据分析模型的基石。数据的审核流程也需要明确标注，让每一条信息都有待审核和已审核这两个时间节点，以体现数据更新的实时性和动态性。为了确保数据的准确性和有效性，我们需要建立一套规范的审批制度，包括审核流程和审核标准。只有审核通过的数据，才能被及时录入非遗大数据平台，确保数据的一致性和权威性。数据的使用也需要进行分类管理，我们将数据分为公共数据和内部数据，公共数据面向公众开放，内部数据仅供内部使用。同时，我们需要设定好每一类数据的使用权限，确保数据的安全性。为了保证数据库中各项数据信息在来源、审核、更新、使用等方面工作的有效性，我们需要加强配套的软件系统、硬件设备、数据库和信息网络的保障和维护，包括定期对设备进行检修、对系统进行升级、对数据库进行备份等，以防止设备故障、系统崩溃或数据丢失等原因导致的数据库中断。

5.建全非物质文化遗产档案数字化博物馆

博物馆作为非物质文化遗产展示的重要平台，承担着传承和弘扬我国优秀传统文化的历史使命。在博物馆中，非物质文化遗产展览活动主要包括对非遗的艺术性、文化性、历史演变等方面的介绍以及实物展示。然而，在目前的博物馆非遗展览中，游客所能参与的互动项目相对较少，大多只能欣赏静态的非遗相关遗址和遗物。这种展示方式虽然能够让观众对非遗有一定的了解，但却难以让观众亲身体验到非遗的魅力。

我国的非物质文化遗产档案数字化博物馆建设已经取得了显著的阶段性成

果。然而，相较于全国博物馆以及丰富多样的非物质文化遗产，数字化博物馆的发展仍然面临巨大的挑战，还需要走得更远、做得更好。非物质文化遗产数字化博物馆的建立，应当充分考虑非遗的特性，强调非遗知识的形象化。这意味着，需要运用创新的技术手段，将非物质文化遗产以生动、立体的形式展现给公众。同时，传播模式也应从传统的单向传播转变为双向或多向互动，让观众在欣赏非物质文化遗产的同时，能够参与其中，亲身体验、深入了解非遗文化的魅力。

三、打造非物质文化遗产微信公众平台

随着移动互联网的飞速发展，信息的传播平台正在发生着深刻的变革。从最初的 PC 端"网站"传播，到如今逐渐过渡为移动端的"微博""微信"等微传播平台，这一变化体现了科技的进步，反映出人们生活方式的转变。在这个信息爆炸的时代，传播平台的发展对我们了解和传承非遗具有重要意义。微信作为一种社交软件，凭借其强大的功能，已经成为传播非遗文化的有力媒介。

（一）微信公众平台对非遗品牌营销的意义

品牌营销，简单来说，就是通过某种方式让企业的品牌形象和产品深入人心，提高消费者对品牌的认同感和忠诚度。在竞争激烈的市场环境中，品牌想要长久地保持竞争优势，就必须构建一套完善的营销理念。随着互联网的普及和社交媒体的发展，微信公众平台作为一种新兴的营销渠道，对于企业品牌营销具有重要意义。下面将从三个方面分析微信公众平台对于营销的价值：

1. 扩大传播范围

随着新媒体的兴起，微信公众平台以其便捷、高效、精准和安全的特性，日益成为品牌营销的新传播利器。在这个信息爆炸的时代，微信公众平台为企业和品牌提供了一个可以在短时间内实现大范围传播的平台。通过这个平台，企业可以将品牌和产品信息迅速地传递给数以千万计的关注者，极大地提高了品牌营销的效率。

2.提高企业认知度

在传统媒体的时代,信息传播渠道相对有限,消费者在选择产品和服务时往往难以获取足够的信息来做出明智的决策,这种情况不仅增加了消费者权益受到损害的风险,也让企业在市场竞争中面临着巨大的挑战。微信公众平台以其开放、互动的特点,让消费者能够更加便捷地了解企业的产品和服务。相较于传统媒体,微信公众平台的信息传播更加迅速、实时,让消费者可以在第一时间获取到企业最新的动态和资讯。此外,微信公众平台还为企业提供了一个展示自身品牌形象、传递企业价值观的窗口,让消费者能够更加全面地认识企业。

3.增加受众吸引力

微信公众平台作为当下最受欢迎的社交媒体平台之一,其品牌营销方式已经成功地激发了消费者的自主性,使得消费者的选择权大幅提升。这种全新的营销模式打破了传统的一刀切传播方式,消费者不再只是被动地接受信息,而是可以通过转发、分享等传播形式主动引发关注和讨论。在这个平台上,消费者可以自主地选择是否继续关注某个品牌或产品,使得企业对消费者的影响逐渐缩小。因此,品牌营销的传播策略需要重新思考,如何借助微信公众平台激发受众的兴趣已经成为企业营销战略中至关重要的一环。

(二)非遗公众号传播能力的提升策略

微信公众号在传播非遗文化中扮演着越来越重要的角色,是非遗传播的主要渠道之一,具有独特的发展优势。然而,在快速发展的背后,也存在一些亟待解决的难题。如何充分发挥微信公众号的优势,同时积极吸纳其他非遗传播渠道,如App、网络视频、新闻客户端等的优点,实现相互融合和借鉴,以最大限度地宣传非遗文化和民族精神,这是值得我们进一步思考、不断探索和尝试的重要课题。

1.重视公众号的内容建设

(1)设置个性化菜单

设置个性化菜单,有助于增强内容对受众的吸引力。这里选择运营较为完善且粉丝活跃度较高的四个品牌营销类非遗微信公众号——"自然造物""往复""非遗公园""匠人志"进行比较（表5-4-1）。

表5-4-1 个性化菜单设置比较

微信公众号	一级菜单	二级菜单1	二级菜单2	二级菜单3
自然造物	再现	造物者说	行走日记	看道·民艺
	再造	造物者	人与器物	无
	再生	造物馆	线上购买	联系我们
往复	往复经典	无	无	无
	往复部落	往复自白	加入我们	商务合作
	联系我们	无	无	无
非遗公园	访问官网	无	无	无
	精选推荐	百工记	舌尖上的非遗	古来美集
	关于我们	往期回顾	联系我们	互联网+
匠人志	匠人志说	无	无	无
	品荐	无	无	无
	在线投稿	在线投稿	投稿记录	联系我们

如表5-4-1所示，"自然造物"设置的三个一级菜单"再现""再造""再生"，分别代表着对传统文化的发现、重新塑造以及新工艺品的产生。首先，"再现"菜单下的内容，主要是通过挖掘和整理，让传统文化以全新的形式再次出现在大众的视野中。其次，"再造"菜单下的内容，则是以传统文化为灵感，通过创新和重塑，打造出新的文化产品。最后，"再生"菜单下的内容，则是以传统文化为基础，运用新的工艺和技术，创造出新的工艺品。另外，"往复"一级菜单下

的"往复经典"和"往复部落",也展现了品牌传播传统文化和传播自身品牌的定位特点。

综上所述,我们可以看出,品牌营销类微信公众号在菜单设置上都有自己的品牌特征,菜单名称都具有设计感。

菜单的设置不仅是提供一个简单的列表,还建立起了独特的品牌特色,同时借助平台的菜单设置,多元化地进行产品展示。这既是吸引消费者目光的关键,也是提升品牌知名度的重要手段。以"自然造物"为例,它的二级菜单中设有"线上购买"选项,方便消费者直接点击跳转到购买页面。这种设置充分考虑到消费者的购物需求,缩短了消费者购买商品的路径,提高了购物体验。同时,"非遗公园"的一级菜单中设有"访问官网"选项,让消费者可以轻松了解到品牌的更多信息。"匠人志"的一级菜单中的"品荐"选项,则能让消费者快速接触到品牌的产品推荐,进一步提升产品的曝光度。

(2)设计吸引力的内容标题

在信息社会,人们主要通过以下几个途径关注公众号:朋友圈的分享、好友的推送、主动搜索、其他公众号的推荐以及现场二维码的扫描等。然而,在信息过载的微信公众平台上,内容碎片化的展示改变了人们的阅读习惯,使得标题成为吸引受众的关键。

为了深入了解这一现象,我们以粉丝活跃度较高、运营较为完善的非物质文化遗产品牌营销类微信公众号"自然造物"为例,对其标题设计特点进行分析。以下是一些典型的标题实例:

标题1:时至今日,他们终于完成了这件不能再黑的作品【造物志】自然造物。

标题2:换个方式画画,感觉格调一下就变高了【造物志】自然造物。

标题3:【真实试验】那些卖天价的日本手艺品,中国的手艺人能做出来吗?

标题4:这才是真正的笔,咱平时用的叫刷子【造物志】自然造物。

通过分析,可以发现标题3采用了疑问句的形式,而"自然造物"的标题在语气上明显暗示已经知道了答案,并且准备教给受众。在阅读内容时,受众总会期望得到显而易见的回报,因此这种以解决问题为导向的标题,比较容易吸引受众去点击阅读。

(3)注重内容编辑形式

图片、文字、视频、音频、图文等元素是公众号内容的基石。经过对微信公众号受众行为的深入调查和研究,我们发现受众在浏览公众号时,最为关注的是图文类内容。为了让公众号内容更具吸引力和影响力,以"自然造物"为例,其内容编辑不随意放大或缩小字体,图片大小不随意变化,文字颜色与图片整体颜色保持统一,从而提升读者的阅读体验。

(4)提升内容的实质性

近年来,非遗项目的不断消亡已成为一个不容忽视的问题。除了生存环境发生巨变这一外在因素,民众对非遗项目所蕴含的传统文化和民族精神不了解,甚至误解,也是导致非遗消亡的重要原因。为了保护和传承非遗项目,需要在内容建设方面下功夫。非遗项目传承人和专家学者是非遗文化内涵的挖掘者和传承者,他们的作用至关重要。通过纪录片、电影、电视剧等形式,生动地展示非遗项目的魅力;通过网络平台、社交媒体等途径,让更多人了解和参与到非遗项目的传承中来。

2. 发挥微场景的宣传优势

微场景,一种新型的内容展示形式,正逐渐成为广告传播、非遗传承等领域的新宠。它利用HTML5编码技术进行编辑,将文字、图像、视频、音频、动画等多种媒体元素融为一体,并结合翻页、链接等交互功能,为受众带来全新的视觉和交互体验。微场景专为移动终端开发设计,具备响应式页面适配技术,能够在不同的移动终端上实现智能、自动调整,满足用户个性化需求。微场景在商业广告领域的应用已经取得了显著的成果。以淘宝网制作的"造物节邀请函"为例,通过三维全景形式创造了一个虚拟的炫酷空间,受众可通过手指滑动屏幕进行360°旋转,邀请函的内容则以链接热点的形式融合在这个虚拟空间中。此外,背景音乐的加入,使得整个广告具有较强的视听冲击力,达到了很好的宣传效果。

3. 扩大用户的覆盖面

微信已经成为人们日常生活必不可少的通信工具，其庞大的用户基数为各种公众号提供了广阔的发展空间。然而，即便拥有了如此庞大的用户基础，非遗公众号作为自媒体，依然需要进行科学的统筹和谋划，以进一步扩大其用户覆盖面，提升影响力。

（1）要充分利用知名自媒体平台的传播优势

将优质的非遗内容投稿到知名自媒体平台，让对这类内容感兴趣的受众有机会接触到它们。这样一来，这些受众就有可能关注非遗公众号，从而达到快速吸引关注者的效果。这是一种有效的传播策略，能够帮助我们扩大用户基础。

（2）可以积极组织各类与非遗相关的投票活动

从当前民众的社交心理和关注热点出发，让参与者利用自己的朋友圈资源，将投票活动传播给更多的人。这样一来，非遗公众号的关注用户数和社交影响力就能得到迅速提升。

（3）还应适度设置抽奖活动

如今，许多非遗项目已经实现了产业化生产，或融入了当地旅游业。在非遗公众号中对其进行宣传，也具有一定的广告效应。因此，我们可以与非遗项目的传承人或管理者协商，策划微信红包、旅游门票、工艺品派送等形式的抽奖活动，激发用户的参与热情，从而迅速增加非遗公众号的点阅量和关注用户数。

4. 提升用户黏度

对于微信公众号来说，用户黏度是其存在价值的直观体现。如果推送的内容无法引起用户的兴趣、查看和转发，那么其传播作用就无法发挥。因此，除了在内容更新频率、内容质量、展现形式等方面下功夫，非遗公众号还需要采取一系列措施，以提升用户黏度。

（1）努力扩展非遗公众号的功能

公众号的操作通常是模板化的，这在内容布局、内容拓展等方面会有一定的限制。然而，通过兼容微站的技术手段，可以实现栏目丰富、界面美观、版式灵活的展示效果。以"云南省非物质文化遗产保护中心"公众号为例，它通过兼容微站的方式成功扩展了功能，并取得了良好的效果。

（2）积极开设各类服务性专栏

非遗活动具有时节性和体验性，可以通过微信公众号推出非遗活动预告、非遗传承人和专家见解等专栏。同时，配合现场的体验活动，帮助受众亲身参与、体验非遗活动，享受纯正的传统文化。此外，还可以通过交流群、直播室等形式，为非遗爱好者提供一个深入了解非遗的平台。

（3）增设各类奖励活动

适当增设各类奖励活动也是提高用户黏度的好方法。例如，可以开展微信大转盘、非遗产品打折促销等活动，进一步提高用户体验，吸引用户关注。通过以上措施，非遗公众号在提升用户黏度的同时，还能为非遗文化的传播和传承发挥积极作用。

5. 加强团队协作

随着互联网的快速发展，微信公众号作为一种新兴的传播平台，其团队化、专业化运作已成为大势所趋。为此需要一支多学科、多领域的专业建设团队来保证非遗公众号的顺利运作。这个团队应包含非遗领域的专家、文化研究者、设计师、市场营销人员等，他们各司其职，共同为公众号提供精彩、丰富的信息内容、形式多变的展示方式。为了吸引更多用户关注，团队需要制定一系列具有吸引力的拓展措施。要确保公众号的长期发展，需要在资金上大力支持，为团队提供充足的资源。要提高非遗传播的影响力和辐射面，还需关注公众号的用户体验。团队应不断优化页面设计、内容呈现和互动功能，以满足不同用户的需求。

（三）借助微信公众平台非遗类纪录片传播非遗文化

1. 非遗类纪录片的定义

非物质文化遗产是我国传统文化的重要组成部分，它承载着丰富的历史信息和文化基因。非遗类纪录片以纪录片的形式对非物质文化遗产进行拍摄、记录和传播，这种方式不仅丰富了纪录片的内容，提升了纪录片的深度，对非物质文化遗产的传承和发展也可以起到不可估量的作用。以纪录片为手段，深入系统地研究和传播非物质文化遗产的时间虽短，但也为非遗的传承和传播发挥了一定的作用。较为典型的大型非遗类纪录片有《故宫》《颐和园》等。

非遗类纪录片使非物质文化遗产的普及立体化，非物质文化遗产也拓展了视听媒体的类型与内涵。但当前非遗类纪录片存在选材较为单一、缺乏创作技巧、传播途径匮乏等问题，这些问题亟须解决。非物质文化遗产具有广泛多样的社会功能和价值。

（1）文化价值

当今世界面临丧失历史文化多样性的威胁，例如很多种语言形式在互联网、新媒体的冲击下正在逐渐消亡，这充分肯定了非物质文化遗产对历史文化的重大意义。同时，非物质文化遗产蕴藏着我们民族的文化基因、精神特质和实践硕果，是代代相传沉淀下来的思想精髓、文化理念。

（2）经济价值

将非物质文化遗产中有转化条件的文化资源转化为现实经济发展和文化生产力，是其传承和发展的重要途径。只有通过这种方式，非物质文化遗产才能获得持久、深厚的基础，实现可持续发展。非遗纪录片作为这个价值的载体，肩负着这份使命。只有确保更多人去了解和体验非物质文化遗产，才能把文化遗产经久不衰地传承下去，创造更大的经济价值。

（3）教育价值

非物质文化遗产纪录片在我国文化传承中发挥着举足轻重的作用，它们不仅是历史、科学、传统技艺和艺术的珍贵载体，也是教学、社会教育以及学校教育的重要知识来源。非物质文化遗产纪录片中所包含的伦理道德和行为规范，是引导年轻一代正确处世、培养社会良好风尚的重要教育资源。此外，非物质文化遗产纪录片还能使观众更加真实、生动地了解我国优秀的民族文化，增强民族文化自信。通过观看这些纪录片，观众可以感受到中华民族深厚的文化底蕴和独特的文化魅力，进一步激发民族自豪感和文化认同感。

2. 微信公众平台为非遗类纪录片创作提供了契机

通过微信公众平台，非遗爱好者可以定期接收规范化的非遗类纪录片。这种形式可以巩固既有的受众基础，还可以持续吸引新用户加入，越来越多的非遗爱好者将形成一个拥有共同爱好的圈子。在这个圈子里大家可以沟通、购买、学习。这样，非物质文化遗产将逐渐走入大众的视野中。把非遗类纪录片做成微电影或者 MV 形式的短纪录片将是其与微信公众平台结合的不二之选。

3. 微信公众平台非遗类纪录片的创作方法

（1）选题策划

前期策划对一部纪录片的创作非常重要，对非遗类纪录片在微信公众平台的有效传播更为重要。要合理控制好影片的时长，尽可能做到短小精悍，在短时间内把内容介绍清楚、把感情表达丰满。

（2）找准切入点

选取一个好的切入点进行拍摄是一部影片成功的关键。像《皮影》《聊城杂技》《武汉高龙》等表演类非遗纪录片，因其富有创意党的切入点，使观众产生无限向往。

（3）体现互动性

微信公众平台自身就是一个社交媒体平台，我们要合理地运用这一优势。所拍摄的纪录片下方要保留非物质文化遗产的传承人的联系方式，或者非物质文化遗产领域有纪念意义的作品的购买链接，等等。同时，在拍摄过程中还要预留能够与受众互动的时间，使非物质文化遗产更加接地气。

（4）故事化

前期的策划、故事情节的编排在非遗类纪录片创作中占据首要地位，因此，在纪录片创作过程中可以以影像的方式将宏大文化叙事浓缩、具象于个体生命具体的事件过程中。非物质文化遗产的主题一定是通过传承人或者表演的典型人物来表现，所以非遗传承人应当是非遗类纪录片的主角。同时，要打造感人至深的故事情节和故事细节。如《陶艺》采用默片的形式开场，直至艺术品初具形态，才展示黄永的聋哑人身份。这个简单的情节设计，就可以给受众心理上带来一定的冲击。故事化另外一大法宝就是设置悬念。就《板鹞风筝》来说，拍摄的重点并不一定是制作手艺的技能表演，抑或板鹞风筝多么地引人注目，而是在选题过程中，通过情节设置流露一种情怀。继承人噙着泪水的双眼流露出来的对板鹞风筝的热爱，就是像对孩子一样满怀着期许的热爱。虽然没有设置戏剧冲突，但是眼泪里已经写满了故事。

4.推动微信公众平台非遗类纪录片发展的举措

非物质文化遗产的宣传面临种种困难，通过观看《陶艺》《漆器》《聊城杂技》三部片子，可以深切感受到非遗传承人的担忧和些许的无助。最大的问题是传承人没有途径来宣传我们民族遗留的文化遗产。与此同时，非遗爱好者也没有途径去深入了解和接触这类文化。而在微信公众平台上进行非遗类纪录片的创作，就是为非物质文化遗产找需要它的受众和客户，也是在为人民大众提供他们需要的精神食粮和情感寄托。以下列举了推动微信公众平台非遗类纪录片发展的举措：

（1）表现形式要多样化

在微信公众平台上传播的非遗类纪录片要敢于创新，用多种表现形式来丰富画面内容。经过调查分析看出，大部分人不倾向于核心人物采访和社会风习过多填充内容，反而对历史渊源、角色扮演、历史影片数据感兴趣。手机微信用户更喜欢的是创作者利用镜头语言来进行叙事。例如，《苗族银饰》中苗族姑娘与心爱的男人成亲的段落使用了角色扮演，虽然演员演技较为生疏，但是也说明了非遗纪录片运用角色扮演的可行性。

（2）创作模式商业化

不能仅将微信公众平台上的非遗类纪录片定义为传播性质，而是应该走营销传播的道路。"一条"公众号的运营就是个成功的案例。"一条"拍摄了《这样的蓝色不会再有了——陶艺》《每天起床他就刷刷刷——漆艺》等微型纪录片。这种非遗类纪录片在手机移动终端与微商的整合营销模式，为小众艺术门类的生存创造了条件，对于新媒体平台和非遗来说都是互利共赢的。

此外，为打开非遗类文化艺术产品的市场，可以实行线上线下整合营销模式。例如把关注非遗类纪录片公众号的受众进行地域分类，在局部地区开展线下活动，进行线下产品推广，增加用户黏性。同时，为用户沟通搭建平台，无论是"一对多"的观点讲述，还是"多对多"的头脑风暴式观念碰撞，都能够使非遗深入人心，促进非遗在广大群众之间的推广。

（3）传播特征碎片化

网络传播的优势在于它能充分利用人们的碎片时间，将零碎的内容传递给受众。在快节奏的生活中，人们很难有整段的时间去享受娱乐，因此，碎片化的传播方式应运而生。以微视频为例，观众可以在睡觉前、公交车上或者其他闲暇时间观看，如果时间不够，还可以随时暂停，待有空再继续观看。然而，这种碎片化的传播方式也对创作者提出了更高的要求。他们需要在有限的时间内，通过独特的故事创意和引人入胜的剧情，让观众全身心地投入视频中。新媒体技术和移动终端的发展为碎片化传播提供了强大的技术支持，使观众可以随时随地观看视频，满足他们在有限的时间内追求娱乐的需求。因此，创作者只有深入了解这种碎片化的传播特征，才能更好地讲述故事，吸引观众。

（4）培养新型受众

关注公众号是微信受众的主动行为，当制作完成的非遗类纪录片上传至公众平台，就会推荐给喜欢的用户观看。当然，微信公众平台上，传者和受者的界定是十分模糊的。当受众看到精彩的非遗纪录片，或者找到喜欢的非遗工艺品时，通过转发到朋友圈或点赞的方式，其就可以变成信息的发起者和传播者，这种二次传播大大增加了传播的互动性。同时，同好用户可以进行一对一的交流，这种私密、快捷的沟通方式，极大程度发挥了"微传播"的实力。

非物质文化遗产急需走入大众的视野，来解决自身的宣传和推广、传承问题。我们作为中华民族的一分子，有义务为我们民族遗留的文化遗产的传承尽一份力。时代的发展和科技的进步衍生出一种多元化社交媒体——微信。拥有巨大用户数量的微信公众平台，可以把受众进行细分。与此同时，将非遗类纪录片在微信公众平台上进行指向性传播，通过调查分析把握受众的喜好，在此基础上创作符合受众需求的影片,增强受众黏性,不断扩充同好受众的基数。我们可以通过这三大步骤来为受众找影片、为影片找受众,借助微信这条传输带进行串联,达到 1+1>2 的传播效应。相信非遗类纪录片通过策划选题、拍摄、后期编辑、包装几个方面的创作探究,能够把经过研究的好看的非遗类纪录片传递给更多的受众,以此达到非物质文化遗产走近大众身边的最终目的。

参考文献

[1] 蔡丰明. 非物质文化遗产图谱编制理论与方法 [M]. 上海：上海社会科学院出版社，2020.

[2] 卢杰，李昱，项佳佳. 非物质文化遗产濒危评价及数字化保护研究 [M]. 武汉：华中科技大学出版社，2018.

[3] 孙传明. 民俗舞蹈类非物质文化遗产数字化 [M]. 武汉：华中师范大学出版社，2018.

[4] 泉州市文化广电新闻出版局. 泉州非物质文化遗产资源实录第3册 [M]. 北京：九州出版社，2017.

[5] 廖明君. 壮剧艺术与非物质文化遗产保护 [M]. 南宁：广西人民出版社，2008.

[6] 王文章. 非物质文化遗产保护与田野工作方法 [M]. 北京：文化艺术出版社，2008.

[7] 谈国新，钟正. 文化资源与产业文库民族文化资源数字化与产业化开发 [M]. 武汉：华中师范大学出版社，2012.

[8] 贾磊磊. 数字化时代文化遗产的保护和展现中美文化论坛 [M]. 北京：文化艺术出版社，2010.

[9] 潘瑞芳. 传统文化数字化实践探索 [M]. 北京：中国国际广播出版社，2019.

[10] 王巍，刘正宏，孙磊. 数字造型基础"非遗"数字化应用 [M]. 北京：中国轻工业出版社，2016.

[11] 林梅，冯罂婧雯. 数字技术赋能黄河流域非物质文化遗产的保护与传承 [J]. 今传媒，2023，31（12）：104–106.

[12] 董婷. 传统戏剧类非物质文化遗产的保护与传承研究 [J]. 参花（上），2023（12）：41–43.

[13] 李静雅, 王卓尔, 易晓. 非物质文化遗产数字化游戏设计策略研究——以基于傩文化的虚实结合游戏为例 [J]. 包装工程, 2023, 44（22）: 1-10, 16.

[14] 王志芳, 师妙苗. 非物质文化遗产博物馆传承路径研究——以广灵剪纸艺术博物馆为例 [J]. 山西大同大学学报（社会科学版）, 2023, 37（6）: 145-150.

[15] 田源. 我国非物质文化遗产立法保护的现状分析与活化路径 [J]. 法制博览, 2023（34）: 142-144.

[16] 马子懿. 非物质文化遗产视域下黎族舞蹈融入高职院校舞蹈美育教学的价值与路径——以海南卫生健康职业学院为例 [J]. 甘肃教育研究, 2023（11）: 50-53.

[17] 卜婷, 秋锦逸. 陕西体育类非物质文化遗产的创新发展和活化传承 [J]. 文化产业, 2023（32）: 136-138.

[18] 鹿广静. 北京非物质文化遗产教育政策研究 [J]. 北京财贸职业学院学报, 2023, 39（4）: 46-54.

[19] 徐艳霞, 孟晓晗. 湘西浦市非物质文化遗产谭氏苗拳发展现状与传承路径研究 [J]. 武术研究, 2023, 8（10）: 72-74.

[20] 王颖. 非物质文化遗产语境下泉州南音传承与发展 [J]. 黑河学院学报, 2023, 14（10）: 176-178, 184.

[21] 曹亚苹. 基于非物质文化遗产数字化保护的平台设计研究 [D]. 上海: 华东理工大学, 2016.

[22] 曹浩鑫. 非物质文化遗产视角下南山射箭传承发展研究 [D]. 西安: 西安体育学院, 2023.

[23] 王梓沁. 非物质文化遗产视角下吉林省少数民族传统体育项目整理与发掘研究 [D]. 长春: 吉林大学, 2023.

[24] 王亚敏. 山东省非物质文化遗产传承与乡村旅游融合发展研究 [D]. 济南: 山东财经大学, 2022.

[25] 汪羽乔. 非物质文化遗产保护视域下汉绣传承发展现状研究 [D]. 北京: 中国社会科学院大学, 2022.

[26] 甘子成. 基于马克思主义精神生产理论的非物质文化遗产传承和发展研究 [D]. 广州：华南理工大学，2019.

[27] 李任. 武汉非物质文化遗产传承与发展研究 [D]. 武汉：华中师范大学，2015.

[28] 秦枫. 非物质文化遗产数字化生存与发展研究 [D]. 合肥：中国科学技术大学，2017.

[29] 卜星宇. 新媒体语境下中国少数民族非物质文化遗产的数字化传承 [D]. 北京：北京印刷学院，2015.

[30] 余日季. 基于 AR 技术的非物质文化遗产数字化开发研究 [D]. 武汉：武汉大学，2014.